# CONTES D'UNE GRAND-MÈRE VIETNAMIENNE

*Réunis et racontés*
*par Yveline Féray*

Éditions
Philippe Picquier

DANS LA MÊME COLLECTION

*Le Bureau des chats* de Miyazawa Kenji
*Les Deux Bossus* de Dazai Osamu
*La Goutte de miel*, contes thaï
*Le Singe et le Crocodile*, contes extraits du *Pañcatantra,* traduits du sanscrit



Mas de Vert
B.P. 150
13631 Arles cedex

*En couverture* : D.R.
Mai Thu, « La Lecture », peinture sur soie
in *L'Âme du Viêt Nam*, Editions Cercle d'Art

*Conception graphique* : Picquier & Protière

ISBN : 2-87730-400-0
ISSN : en cours

*Pour Sarah, Samuel, Donovan, Jade*
*entre Asie et Occident.*

## AVANT-CONTE

La *grand-mère vietnamienne* se propose d'être la descendante contemporaine de ces pèlerins éternels, *Amis des Lacs et des Fleuves* qui, dans un lointain jadis, nourrirent et véhiculèrent le légendaire vietnamien. La tradition leur accorde pour tout bien une guitare-lune ou un violon, une gourde d'alcool et... inépuisable, un trésor de récits merveilleux et d'épisodes extraordinaires qu'ils narraient à l'infini sous l'arbre tutélaire, souvent un banian, de chaque village. Lorsqu'ils reprenaient la route, leurs dits se prolongeaient à jamais dans l'esprit de leur auditoire captivé par cette magique traversée des apparences : ainsi il existait un univers caché chargé de puissances invisibles qui unissait la nature et toutes les créatures, les harmonisait au lieu de les opposer, où rien ne séparait l'idée de l'être, où le réel et le rêve se confondaient.

Les dix contes présentés ici expriment en premier lieu, dans leur diversité, la foisonnante richesse du folklore de ce peuple de l'Asie du Sud-Est dont la culture a été, pour une partie relativement récente (ère chrétienne), façonnée par son redoutable voisin du nord, la Chine ; et pour une autre partie, nourrie, pénétrée, ensemencée par toutes ces ethnies, « une mosaïque de peuples », de paysans, de pêcheurs, d'artisans qui vivaient sur son territoire, probablement au néolithique, de 4000 à 2000 ans avant notre ère. De ce substrat plusieurs fois millénaire sont nés mythes, légendes, contes du Viêt-nam.

Ces contes sont porteurs de cette croyance animiste en un monde un et indivisible, vivant de la volonté voire de l'énergie des « esprits de la nature ». Ils baignent dans l'atmosphère étrange de ces « Royaumes » où l'action des êtres n'est nullement bridée par l'espace et le temps (les contes sont hors du temps) ; où la pensée est libre, affranchie des tabous et interdits par le respect même qui leur est dû tant ils participent à forger l'harmonie du monde ; où la matière est légère (les arbres s'envolent, les palais flottent dans les airs) ; où la mort ne fige point la vie mais prépare sa renaissance (dans une coquille nacrière, un loriot, un plaqueminier) ; où de la sagesse des rois et des princes, et mieux encore de leur éthique, dépend le bonheur de leurs sujets.

A partir de cet imaginaire des premiers âges commun à tous les habitants de la Terre, de ce folklore international dont ils font partie intégrante, les contes vietnamiens à mesure que le peuple fondait et constituait dans le temps et dans l'espace son identité, n'ont cessé d'affirmer leurs caractéristiques nationales. Leurs sources multiples en témoignent : qu'ils se fassent l'écho populaire de contes classiques du *Recueil des puissances invisibles du pays viêt*, ou de *Vaste recueil de la transmission des merveilles* ; qu'ils s'inspirent du récit des mythes fondateurs, de l'histoire vietnamienne, de sa résistance millénaire contre la Chine, de ses héros légendaires ou de célébrités locales ; qu'ils intègrent enfin les légendes des ethnies montagnardes.

Dans ce vivier culturel et historique bouillonnant – authentique patrimoine national –, il m'a fallu choisir. Je l'ai fait, je le confesse, au gré de mon humeur d'auteur, par plaisir.

Je décidai d'ouvrir ce livre par le conte de *Tãm et Cám*, plus connu à l'étranger sous le titre de *Cendrillon vietnamienne*, en raison de ses similitudes avec notre conte occidental : rivalité entre sœurs, méchanceté des marâtres, métamorphose des souillons domestiques, rôle du célébrissime soulier, mariage royal – mais aussi de ses différences fondamentales : d'inspiration bouddhique, le conte de *Tấm et Cám* s'engage à travers le cycle des réincarnations vers un dénouement plus cruel.

J'enchaînai avec *La Tortue d'or*, légende historique d'une troublante ressemblance avec la légende celtique de *La Submersion de la ville d'Ys*, capitale du roi Gradlon. Jugez plutôt : deux rois, deux princesses qui trahissent leur père, l'une par amour, l'autre par luxure, deux talismans dérobés, deux capitales envahies, l'une par les Chinois, l'autre par les eaux, deux rois fuyant à cheval leur fille en croupe et la même voix terrible les apostrophant semblablement : « Repousse le démon assis derrière toi ! ». Même obéissance des rois et mort des deux princesses.

Et ainsi de conte en conte jusqu'au dernier récit, *Le Génie de la Montagne et le Génie des Eaux* dont la matrice (thème) et la structure (motifs et fonctions) en font un conte national et populaire par excellence. En effet, Le Génie de la Montagne et le Génie des Eaux s'apparente aux grands mythes d'origine, dans le prolongement du mythe fondateur du premier roi Lac Long

Quân ou « Dragon Lac » et de la première reine, Au Co. Car les contes, au Viêt-nam, à l'instar des mythes, peuvent s'emboîter, s'enrouler, dévidant, des origines à aujourd'hui, le fil légendaire d'une trame historique, celle du peuple vietnamien.

Art universel, art asiatique, art national, tant il est vrai qu'un choix d'humeur – et j'ai eu du bonheur à écrire ces contes, avec mes propres mots, à les *raconter* – renvoie inéluctablement au travail de l'inconscient, à mon insu, cette classification ternaire s'est imposée à mon esprit.

J'ai privilégié, pour chaque conte, les versions des auteurs vietnamiens francophones, populaires ou savantes, puisées dans les anthologies vietnamiennes, dans des éditions anciennes ou encore dans les publications de l'Ecole française d'Extrême-Orient, du *Bulletin de la Société des études indochinoises*, etc. Ces versions sont nombreuses, autant de contes que d'auteurs : j'en découvris une demi-douzaine pour *Tãm et Cám*, pour l'*Enfant Giong*, *La Tortue d'or*, trois pour *Conte de lune et de vent*, pour *Le Carambolier*, et deux dont une française pour *Mademoiselle Crapaude*. Si toutes respectent structure et matrice du conte, les variations entre elles sont souvent considérables sinon contradictoires : tel détail ici longuement développé, et là, à peine mentionné. De disposer d'autant de versions quelquefois fractionnées, parfois tronquées ou raccourcies, avec des dénouements différents – c'est le cas de *Tấm et Cám*, de *Dinh Bô Linh* – m'a permis en les regroupant, dans le respect de l'histoire, des mœurs et des coutumes du Viêt-nam, d'en produire une version aussi intégrale que possible. Et tout ceci avec au cœur le souci de ne pas déflorer le merveilleux du conte.

Enfin, à la suite de mes devanciers, car c'est la liberté de création du conteur qui fait et renouvelle le conte, je ne me suis pas privée, la *grand-mère vietnamienne* en eût fait tout autant, de déployer à partir de tel fait, sur la base de tel personnage, mon propre imaginaire nourri d'une certaine idée du Viêt-nam, de son art de vivre et de son humanité.

YVELINE FÉRAY

## TÃM ET CÁM

*Depuis quand le gâteau de riz a-t-il des arêtes ?*
*Depuis quand la marâtre aime-t-elle les enfants de son mari ?*

En ce temps-là, vivaient près de la *Cité du Dragon qui s'envole*, Thang Long, la capitale, deux jeunes demi-sœurs, l'aînée nommée Tãm, Brisure-de-Riz et la cadette Cám, Son-de-Riz. Nées du même père, leurs mères étaient l'une, femme de premier rang, l'autre, de second rang. Quelques années après la mort de son épouse première, la mère de Tãm, le père avait rejoint à son tour ses ancêtres au Royaume des Ombres. Depuis lors, la famille, privée de son chef, vivait dans la gêne et Tãm, l'orpheline, ravalée par l'épouse seconde au rang de servante, connaissait toutes les vicissitudes de ce monde de poussière.

C'était vraiment le cas de dire :

*Comme le buisson de bambou doit se courber devant le vent qui souffle*

*Je dois me courber devant vous, marâtre, à cause de mon père.*

Pourtant, malgré le sort malheureux qui maltraitait ses joues roses, Tãm, en grandissant, croissait en beauté : yeux de phénix, sourcils arqués en demi-lune au-dessus d'un lac de la mi-automne, chevelure longue et soyeuse de nuage, taille souple de jeune saule. Rien qu'à la voir, Cám, dont le nez regardait la bouche, et sa mère sentaient monter en elles le vinaigre de la jalousie.

Vint la saison des hautes eaux propice à une bonne pêche sans bourse délier dans les rizières inondées. Un matin, ayant ordonné aux jeunes filles de prendre chacune une corbeille plate de bambou, la marâtre leur fit cette promesse :

— Un cache-seins vermeil à celle qui me rapportera le plus de poissons !

Sitôt sur place, Tãm retroussa ses vieux pantalons élimés et entra dans l'eau. Le soleil montait dans le ciel. Malgré la réverbération sur les eaux, la vase du fond qui s'insinuait entre ses orteils, les sangsues agrippées à ses mollets, elle allait courbée sur la rizière, interpellant de temps en temps Cám, la paresseuse, en train de s'amuser d'un rien sur les diguettes. Si bien qu'au milieu du jour sa corbeille était déjà pleine. Ce que voyant, Cám se mit à lui chanter :

*Ma sœur aînée Tãm*
*Ta tête est tachée de boue*
*Dans la mare, va donc te laver*
*Si tu ne veux pas être frappée !*

Pendant que Tãm se lavait, elle transvasa lestement la corbeille de sa sœur dans la sienne puis fila vers la maison comme si elle avait des ailes. A elle le beau cache-seins rouge !

Quand, une fois lavée, Tãm sortit de la mare : sa corbeille était vide, envolé le fruit de sa pêche et Cám avait disparu. Sachant à quoi s'en tenir, elle se mit à verser des larmes amères, désespérée à l'idée de rentrer à la maison les mains vides pour y subir le rotin. Vraiment elle était on ne peut plus seule, on ne peut plus orpheline, telle une lentille d'eau à la dérive et elle sanglotait éperdument.

C'est alors que le Bouddha avec son large sourire compatissant lui apparut :

— Ne pleure plus, mon enfant. Regarde encore dans ta corbeille. Y reste-t-il quelque chose ?

— Oui, Vénérable Ancien, trois barbeaux et un petit gobie.

— Eh bien, dit le Bouddha, lâche le gobie dans le puits de ta maison, nourris-le d'un bol de riz en l'avertissant à chaque fois par ces mots :

*Gobie, gobie !*
*Monte à la surface de l'eau*
*Manger mon riz d'or et d'argent*
*Dédaigne le mauvais riz et le potage léger d'autrui !*

Et là-dessus le Bouddha disparut laissant flotter derrière lui son consolant sourire.

Tấm porta donc en grand secret le poisson gobie dans le puits pour le nourrir et s'en faire comme qui dirait un petit frère à elle, et remit les trois barbeaux à sa marâtre. Celle-ci observa aigrement qu'il y en avait bien peu et qu'en conséquence sa fille Cám aurait le cache-seins vermeil. Encore heureux qu'elle ne tâte pas du rotin !

Furtivement, chaque jour Tấm portait au puits le bol de riz dont elle se privait pour son poisson. Quelle joie de le voir apparaître en frétillant au seul son de sa voix, de partager leur repas comme frère et sœur véritables ! Les tâches les plus pénibles lui semblaient maintenant plus légères. Peu importait que Cám passât son temps à ne rien faire quand elle faisait tout, que Cám eût de beaux vêtements quand elle ne portait que des guenilles, que Cám fût choyée quand elle était maltraitée, Tãm désormais se sentait moins seule : elle avait désormais quelqu'un à aimer.

C'était compter sans sa demi-sœur toujours à l'affût qui, l'ayant espionnée, s'en fut tout raconter à sa mère sur le poisson que Tãm nourrissait dans le puits et les paroles magiques qu'elle prononçait.

Le lendemain, sous un faux prétexte, la marâtre commanda à Tãm de mener leur buffle paître loin, très loin du village. Après son départ, munies d'un bol de riz, la mère et la fille s'en furent au puits.

— Gobie ! Gobie ! appela Cám en imitant la voix de Tãm.

Tout frétillant, le petit poisson bondit hors de l'eau. Aussitôt la marâtre s'en saisit, le coupa en trois morceaux et le mit à cuire dans la marmite avec de la saumure. Puis il fut mangé.

Quand Tãm, de retour à la maison, se rendit au puits, elle eut beau appeler son poisson six fois de suite sur tous les tons pour qu'il vînt manger son riz, aucun petit gobie ne répondit. Comme elle se penchait pleine d'interrogation, elle aperçut soudain, flottant sur l'eau, une goutte de sang caillé et comprit que le poisson qu'elle avait élevé comme un vrai petit frère avait été tué, qu'elle ne le reverrait plus jamais. *Oï Troï Oï*[1] ! Etait-ce possible ? Si grande fut sa peine que ses entrailles se déchirèrent pendant que les larmes ruisselaient en pluie sur son visage.

A cet instant, précédé par son large sourire compatissant, le Bouddha de nouveau lui apparut qui lui parla ainsi :

— Ton poisson a été mangé, mon enfant. Mais retourne à la maison et rassemble ses ossements. Mets-les dans quatre petits pots de terre et enterre-les aux quatre angles de ton bat-flanc.

Tãm souhaitait de tout son cœur obéir aux ordres du Bouddha, mais où chercher les ossements du poisson ? Près de la jarre d'eau ? De la palissade de bambou ?

— *Côc-te ! Côc-tàc !* lui dit une poule en chantant. Donne-moi une poignée de riz et je trouverai pour toi les os de ton gobie.

Vite, Tãm lui jeta une poignée de paddy et la poule gratta, fouilla et découvrit les ossements que la jeune fille se hâta de recueillir dans quatre pots ainsi que le Bouddha lui avait dit.

La fête de la Mi-Automne approchait. Dans Thang Long la Capitale et ses environs, on ne parlait que des cent spectacles, marionnettes sur eau, procession des lanternes et autres merveilles dont l'Empereur, Fils du Ciel, en ce quinzième jour du huitième mois, réjouirait ses sujets.

Tấm brûlait d'y aller aussi.

Mais le jour venu, la marâtre lui remit un lourd panier de riz et de paddy mêlés :

— Sépare le riz du paddy, fit-elle en ricanant, et tu pourras nous rejoindre à la fête.

Puis parées de leurs plus belles tuniques et de leurs pantalons de soie, mère et fille s'en allèrent se divertir à la Capitale pendant que Tấm, devant cette tâche insurmontable, n'avait que ses yeux pour pleurer.

Une fois encore, le Bouddha lui apparut.

— O Vénérable Ancien, mon cœur se fond jusqu'aux larmes de l'envie d'aller à la fête du Roi ! Même si je parviens à trier le riz et le paddy de ce panier, la fête, hélas, sera terminée depuis longtemps !

A ces mots, le Bouddha fit surgir des nuages une volée d'oiseaux pour l'aider. La pauvre Tấm éplorée tremblait qu'ils ne mangent les grains. C'est pour le coup qu'au retour de sa marâtre elle recevrait le rotin !

Le Bouddha la rassura.

— Ne crains rien. Je leur ai interdit de prendre ton riz et ton paddy.

En moins de temps qu'il n'en faut pour mâcher une chique de bétel[2], le travail fut achevé. Cependant Tấm continuait de pleurer : comment oserait-elle ramener sa face à la fête du Roi dans ces guenilles ?

— Va chercher les quatre pots contenant les ossements du poisson gobie enterrés aux quatre angles de ton bat-flanc, ils contiennent ce qu'il te faut.

Ensuite, il disparut.

Tãm courut déterrer les pots. Avec des exclamations et des invocations infinies au saint nom de Bouddha, elle en sortit des atours dignes d'une Immortelle[3].

Qui, à la voir ainsi parée de soie brodée de grues voltigeant parmi d'impalpables brumes, ainsi coiffée d'une tiare sertie de joyaux et ainsi mignonnement chaussée de petites sandales d'or et de perles, ne se serait exclamé :

*Voilà une beauté à faire plonger les poissons et tomber les oies sauvages !*

Le quatrième pot enfin contenait un cheval lilliputien qui, dès qu'elle l'eut posé à terre, devint un superbe coursier richement caparaçonné, surmonté d'un parasol à franges dorées. Dans cet équipage, tel un lotus éclatant, elle se rendit à la fête.

Sur son passage, le peuple admiratif de Thang Long se demandait d'où elle venait, les uns la prenant pour une de ces « belles aux nuages roses » exilée sur terre, les autres, une Princesse lointaine à la figure de fée.

L'apercevant de loin, Cám s'exclama :

— Maman ! Maman ! Je n'en crois pas mes yeux de chair ! Là-bas, n'est-ce pas ma sœur Tãm ?

— Ta sœur Tãm si magnifiquement parée ? Voilà qui serait bien extrordinaire ! Cette souillon est à la maison qui trie toujours à cette heure le riz et le paddy que j'ai mélangés.

Navettes sur le métier, les heures à la fête filaient ! S'avisant tout à coup qu'il lui fallait être à la maison avant le retour de sa marâtre, Tãm fit volte-face. Elle venait de s'engager sur le pont de bois de la rivière Tô Lich non loin de la Cité Royale, quand il se fit soudain un grand vacarme de gongs et d'exclamations :

— Prosternez-vous ! Prosternez-vous ! crièrent les gardes à fronts tatoués de Sa Majesté. Place ! Place ! L'Empereur, Fils du Ciel, passe !

Dans sa précipitation, Tãm perdit une de ses sandales qui tomba dans la rivière, près de la berge. Sans s'attarder à la chercher, elle s'éclipsa au galop.

Quelques instants plus tard, comme le cortège royal passait par là, l'éléphant du Roi avec des barrissements à réveiller le ciel et la terre s'arrêta net, refusant d'aller plus loin. C'était tout à fait inhabituel. Des grands dignitaires qui composaient la suite impériale aux petits serviteurs qui portaient parasols et services de bétel, tout le monde était stupéfait. Intrigué, l'Empereur ordonna donc à ses gardes d'aller fouiller la rivière et la berge sous le pont pour voir s'il n'y avait pas là en effet quelque chose d'extraordinaire.

Peu après, les gardes sortaient de l'eau et rapportaient une mignonne sandale de femme en or, sertie de perles. A sa vue, le cœur de l'Empereur s'émut d'étrange façon, car elle ne pouvait qu'appartenir à une femme très belle, en tous points digne d'être son épouse. La nuit suivante, se tournant et se retournant sur sa couche au long des veilles[4], cette idée devait le hanter.

Si bien qu'au petit matin, un eunuque était expressément chargé d'aller faire essayer la sandale à toutes les jeunes filles présentes à la fête. Recru de fatigue, il avait visité sans résultat toutes les maisons de la Capitale et des environs lorsqu'il parvint chez la marâtre.

En dépit de tous ses efforts, le pied de Cám, lui non plus, n'était pas assez petit pour y pénétrer à l'aise!

— Monsieur l'Eunuque, puis-je l'essayer? demanda timidement Tãm.

— Quand les cloches de cuivre et les tamtam de bronze ne peuvent triompher, comment une jarre cassée pourrait-elle l'emporter? s'esclaffa sa marâtre.

Cependant l'eunuque du gynécée, en fait de beauté, avait l'œil exercé :

— Veuillez essayer, Mademoiselle!

O surprise manifeste des uns! O fureur rentrée des autres! La petite sandale d'or et de perles s'adaptait parfaitement à son mignon pied cambré.!

Alors obéissant aux ordres, les gardes à fronts tatoués de Sa Majesté portèrent solennellement Tãm en palanquin jusqu'au Palais où elle devint reine. Douce, belle et généreuse épouse tendrement aimée de l'Empereur, au fil des jours, leur union était telle qu'on pouvait dire :

*Le sort prédestiné en les liant l'un à l'autre, a uni l'abricotier au bambou et harmonisé les accords du luth avec ceux de la lyre.*

A quelque temps de là, devant sacrifier aux rites d'anniversaire de la mort de son père, Tãm obtint de l'Empereur la permission de revenir à son village natal. Les époux s'étant séparés à regret, Tãm, chargée d'offrandes, arriva chez sa marâtre pour la cérémonie.

Bien que la réussite parfaite de sa bellefille lui eût rendu de fureur le foie noir et les entrailles violettes, c'est avec des paroles sucrées, des sourires doucereux et les marques de l'affection la plus vive que celle-ci, imitée par sa fille Cám, accueillit Tãm à sa descente de palanquin.

Aucun ne peut nier que :

*Face à la hauteur des montagnes et à la profondeur des océans, seul le cœur de l'homme est insondable.*

— Ne serait-ce pas faire preuve de la plus grande piété filiale, dit-elle à Tãm, que d'aller au sommet de l'aréquier cueillir de tes propres mains comme autrefois les noix destinées à l'autel de ton père?

Tãm, sans méfiance, se dépouilla de ses vêtements magnifiques pour grimper à l'aréquier. Quand elle fut parvenue au sommet, la marâtre aidée de sa fille attaqua le tronc à la hache.

— Que faites-vous, Belle-Mère? cria Tãm secouée à l'est et à l'ouest, en se cramponnant à l'arbre de toutes ses forces.

— Je chasse les fourmis de peur qu'elles ne te piquent, cria celle-ci en continuant de plus belle. Dans un craquement sinistre, l'arbre s'effondra, projetant Tãm dans l'étang voisin où elle se débattit longtemps avant de couler et de disparaître.

Quand la dernière bulle d'air eut crevé à la surface de l'eau :

— A ton tour maintenant d'être Reine, dit la marâtre à sa fille.

Et elle lui fit revêtir les magnifiques atours de Tãm avant de la renvoyer au Palais prendre la place de sa sœur aînée.

— Si on te questionne, tu n'auras qu'à dire que la Reine s'est enfuie de la maison au beau milieu de la nuit, que nous l'avons cherchée en vain jusqu'au matin et que redoutant la colère de Sa Majesté, tu viens la remplacer.

De la disparition de son épouse très aimée, l'Empereur se sentit profondément accablé. Il dépêcha de tous côtés soldats et officiers avec tamtam et tambours dans le but de la retrouver. Sans succès. Son cœur était brisé de tristesse et envahi de douleur.

Or, un jour que les eunuques étendaient dans le jardin impérial les vêtements fraîchement lavés de Sa Majesté, voici qu'un loriot très distinctement leur chanta :

*Si vous faites sécher les vêtements de mon époux*
*Suspendez-les à des perches de bambou*
*Ne les étendez jamais sur des haies*
*De peur de les déchirer !*

Ces paroles ayant été rapportées à l'Empereur, celui-ci se hâta d'aller écouter l'oiseau qui emplissait, paraît-il, de son chant humain son jardin précieux. Troublé, il lui murmura alors :

*Loriot ! Gentil loriot !*
*Si tu es mon épouse réincarnée*
*Si tu es sa métamorphose en oiseau parleur*
*Entre vite, vite, je t'en prie*
*Dans la manche de ma robe !*

Aussitôt l'oiseau vint se blottir dans la soie contre son bras et sa présence tiède et douce semblait la plus suave des caresses. Dès lors, jour et nuit, l'Empereur passa tous ses moments de loisir auprès de la cage d'or et de vermillon de son loriot de prédilection. Pas un instant il ne pensait à Cám, la sœur cadette, qui continuait de vivre au Palais et, de jalousie, grinçait des dents.

Instruite de l'affaire, sa mère lui conseilla alors de tuer le loriot, de manger sa chair et de jeter ses plumes dans le jardin.

— Comment se fait-il que je ne retrouve plus mon oiseau parleur ? demanda l'Empereur consterné, mais nul ne put lui répondre.

Des plumes du loriot dispersées derrière le Palais devaient surgir deux flamboyants, tels que le jardin impérial n'en avait jamais possédé. L'Empereur, fasciné par leur beauté, fit suspendre entre leurs troncs un hamac rose pour s'y délasser au frais.

Mise au courant par Cám de ce fait nouveau, sa mère la poussa à faire abattre les arbres dont les troncs servirent à confectionner un métier à tisser pour son usage personnel. Mais dès que Cám voulait s'en servir, le métier disait :

*Keo cà, keo ket!*
*Tu m'as supplantée, moi, ta sœur aînée!*
*A toi qui m'as pris mon époux*
*Je crèverai les yeux!*

— Débarrasse-toi de ce métier maudit! Fais-le brûler et que ses cendres soient jetées loin d'ici! lui dit sa mère.

Ce qui fut fait.

Peu après, des cendres répandues au bord du chemin naquit un plaqueminier splendide qui intriguait les passants : pourquoi donc ne portait-il aucun fruit?

— Ce plaqueminier est vraiment une merveille. Pourquoi donc n'y voit-on aucun fruit? s'étonna à son tour une vieille marchande un jour qu'elle s'était assise à son pied pour se reposer.

Elle scrutait le feuillage quand elle aperçut au faîte de l'arbre un fruit solitaire, superbement rond, d'une ravissante couleur et d'une beauté achevée, sorti tout droit, semblait-il, du jardin de l'Empereur de Jade[5].

— Oh, se dit-elle, je serais si heureuse si ce fruit pouvait se détacher! Elle fit ce souhait :

*Kaki ! Kaki !*
*Tombe doucement dans mon panier*
*Je voudrais tant te regarder, te respirer*
*Pas te manger !*

Ainsi sollicitée, la plaquemine tomba. Ravie, la vieille femme l'emporta dans la paillote où elle tenait son modeste négoce de soupe, de thé et de friandises des bords des routes.

Le lendemain, comme chaque jour qui venait, la vieille marchande partit très tôt s'approvisionner au marché. A son retour, une surprise l'attendait : qui donc avait rangé sa maison, balayé sa cour de si plaisante façon et préparé sur un plateau tout ce repas complet de riz, de viandes et de bouillons, et ces gracieuses chiques de bétel ?

Et tous les jours il en était ainsi.

Et tous les jours, elle se disait : « Comment se fait-il donc qu'à mon retour je trouve ma cour en ordre et mon repas servi ? »

Un matin, elle fit semblant de partir au marché, puis aussi silencieuse qu'une feuille, revint coller son œil contre la claie de bambou. Bouche de carpe écarquillée, sursaut de surprise ! Voilà qu'une jeune fille d'une extraordinaire beauté se tenait au milieu de sa pauvre paillote !

D'où sortait cette personne qu'elle n'avait pas vue entrer dans sa maison ? Se doutant alors que la plaquemine cachait une métamorphose, la vieille marchande courut chercher le fruit déposé dans la jarre de riz. Mais elle ne trouva plus qu'une pelure vide qu'elle déchira en maints morceaux et alla cacher ailleurs avant de rentrer brusquement dans la maison, en toussant pour attirer l'attention.

Arrachée à son enchantement, la jeune fille voulut fuir et rentrer dans la plaquemine, mais celle-ci avait disparu. Comprenant que c'était une fée, la vieille marchande, remplie de joie, la prit affectueusement par la taille. Et la fée vécut désormais chez elle comme sa propre fille, l'aidant dans son commerce que sa beauté et son amabilité sans pareilles ne tardèrent pas à rendre florissant.

Des nuits de brise légère et de lune claire se succédèrent.

Il advint qu'un jour vint à passer par là le palanquin de l'Empereur qui, escorté de quelques serviteurs, voyageait incognito. L'aspect vénérable et prospère de la boutique séduisit sur-le-champ Sa Majesté et lui donna envie de s'y désaltérer.

Respectueusement, la vieille marchande lui servit aussitôt dans un bol bien chaud et bien couvert du thé parfumé, et lui offrit des chiques de bétel artistement roulées en ailes de phénix. A leur vue, Sa Majesté sentit ses esprits vitaux s'évaporer.

— Qui a confectionné ces chiques de bétel? demanda-t-il bouleversé car elles étaient en tous points semblables à celles que lui préparait jadis son épouse disparue.

La vieille marchande ne sachant que répondre, l'Empereur véhément ordonna :

— Vieille, dites-moi bien clairement et tout de suite qui elle est?

Alors la vieille marchande avoua que c'était sa fille et l'appela.

A l'instant où la fée parut sur le seuil, l'Empereur crut vivre un songe les yeux grands ouverts : c'était trait pour trait l'ancienne Reine Tãm, c'était son épouse très aimée.

Interrompant ses prosternations, avec des pleurs de joie, il lui prit les mains et la releva. Elle était bien telle qu'autrefois et même plus belle encore. Ayant généreusement récompensé la vieille marchande, il ramena sa précieuse épouse au Palais.

Cám en la revoyant, s'exclama :

— Tu étais morte, te voilà donc ressuscitée! Et elle se mit à vanter sa beauté, sa peau si blanche et si veloutée. Comment fais-tu donc pour posséder cette beauté merveilleuse qui est la perfection même?

— Veux-tu l'avoir à ton tour, ma Cadette ?

— Oui, Sœur Aînée, répondit Cám.

— Soit, dit Tãm.

Pendant qu'on chauffait de l'eau dans un énorme chaudron, un profond fossé fut aussitôt creusé. Toute au rêve d'être belle, Cám y descendit. Alors Tãm fit verser sur elle l'eau bouillante en grande abondance.

Cám étant morte, Tãm ordonna à ses serviteurs de hacher son cadavre en menus morceaux, de le faire mariner dans la saumure avant de le placer dans une jarre qui fut offerte à la marâtre.

— C'est une provision de saumure, dirent les serviteurs, que votre fille vous envoie.

Et la marâtre de se réjouir du cadeau de sa fille et de se dire : « Tãm, ma fille adoptive, quand elle était Reine ne m'a jamais rien fait envoyer. Elle est morte, c'est on ne peut plus heureux pour moi ! »

Comme elle trouvait le mets délicieux, elle en goûtait à chaque repas. Et à chaque repas, un corbeau perché sur le toit lui criait :

*Pas si bonne que cela*
*Tu manges la chair de ton enfant*
*Et tu la trouves délicieuse !*
*Donne-m'en un morceau*
*S'il t'en reste encore !*

— Maudit animal ! criait la vieille en le chassant à coups de pierre mais toujours il revenait.

La jarre de viande salée commençait à s'épuiser. La vieille allait bientôt la terminer, quand au fond de la jarre, elle aperçut une longue mèche de cheveux noirs qu'elle empoigna avec dégoût. Au bout se balançait la tête de Cám, sa fille.

D'horreur, de saisissement, de douleur, ses âmes inférieures et supérieures s'envolèrent, et elle tomba raide morte.

*Terrible est la voie du Ciel qui prévoit de rendre la pareille pour le bien et pour le mal !*

NOTES

1. Ciel ! O Ciel !

2. La chique de bétel, prélude à toute cérémonie, est fabriquée à partir d'une feuille de bétel sur laquelle on étend un peu de chaux, on y place un morceau de noix d'arec, puis la feuille est roulée en nid de chenilles ou en ailes de phénix.

3. Génies masculins ou féminins qui, après une vie terrestre, connaissent la gloire de l'immortalité.

4. La nuit est divisée en cinq veilles de deux heures, allant de 19 heures à 5 heures du matin.

5. Au sommet du panthéon taoïste règne l'Empereur Auguste de Jade qui n'est autre que le Vénérable Céleste du Commencement originel pour les taoïstes.

## LA TORTUE D'OR

*L'amour de la femme pour son mari est grand, mais les bienfaits du père sont profonds.*

*Jusqu'à ce jour cette étrange injustice reste un mystère!*

*La griffe-gâchette n'avait plus de pouvoir et la Tortue d'or était loin...*

Ceci se passait au temps des premiers royaumes viêt.

Les textes anciens disent que l'année Giap-thân[1], le Roi de Thuc, s'étant emparé du royaume de Van Lang[2], monta sur le trône, prit le nom de An Duong, changea le nom du pays en Au Lac, établit sa Capitale dans la montagne Viet Thuong où il décida d'élever la plus inexpugnable des citadelles.

Elle devait comprendre neuf enceintes bien remparrées, renforcées de tours de garde, creusées de profonds fossés, elles-mêmes enroulées en forme d'escargot d'où son nom de Cô Loa, Cité du Coquillage.

Il est dit encore que cette construction fut commencée par le Roi An Duong lui-même.

Quoi qu'il en soit, à peine les murs commençaient-ils à s'élever qu'ils s'écroulaient, enterrant du même coup les ouvriers. Les élevait-on de nouveau qu'ils s'effondraient encore, et ainsi trois fois de suite. Tout n'était que cadavres, ruines et décombres.

La cour et le peuple se perdaient en conjectures.

Ce projet contrariait-il le Ciel? Fallait-il attribuer ces échecs successifs aux esprits malins? Depuis son intronisation, Sa Majesté le Fils du Ciel avait-il toujours respecté ses devoirs les plus sacrés, par exemple sa visite saisonnière à la Maison du Calendrier? Bref de quel manquement, de quelle omission fatale venait tout ce malheur?

Le Roi An Duong interrogea son Grand Conseiller qui lui conseilla l'obstination, son Ministre des Rites qui insista sur la stricte observance du rituel, les mandarins de la cour qui protestèrent de leur loyauté et des efforts déployés. Après quoi, trois jours durant, il se retira loin de ses femmes, jeûna, médita et implora le Ciel pendant que le peuple offrait des sacrifices aux génies.

Au soir du troisième jour, qui était le septième jour du troisième mois, comme le Roi contemplait le coucher de soleil sur l'étang aux lotus depuis la terrasse de son pavillon, il vit les ardentes vapeurs du crépuscule de rouges devenir blanches, puis dessiner lentement une forme humaine, celle d'un vénérable sage à la longue barbe opalescente dont les pieds reposaient dans la brume.

— Bientôt, dit ce Sage, viendra l'Envoyé de la Rivière Claire. Demandez-lui comment construire la ville.

Ayant dit, il se dissipa en fumées.

Ordre fut aussitôt donné d'interrompre toute navigation de jonques et sampans sur la rivière à la porte Sud et le lendemain, dès l'aube, le Roi An Duong en personne, le regard tourné vers l'orient, se mit à guetter l'envoyé annoncé.

Ses yeux las de scruter commençaient à se brouiller quand il aperçut au loin en train de flotter une masse sombre semblable à un fond de barque renversé. Quoi, cette épave, malgré ses ordres ? Mais voilà que le fond de barque en question en se rapprochant se mit de plus en plus à ressembler à une gigantesque carapace dorée, flanquée de deux nageoires plus larges et plus grandes que des feuilles de bananier. C'était bel et bien une tortue qui s'avançait maintenant vers lui en se tenant debout sur les eaux!

Dans le langage des hommes, elle annonça qu'elle était le génie Kim Qui « Tortue d'or », envoyée de Long Quân, l'Empereur des Eaux, instruite de tous les secrets du Ciel et de la Terre, de la mort et de la vie, des génies et des démons.

Le Roi An Duong s'en réjouit car ceci était conforme aux paroles du vieillard. Promptement il fit avancer son char pour conduire la tortue au Palais avec tous les égards. Là, quand ils se furent installés selon le cérémonial de l'hôte et de l'invité, Sa Majesté put enfin lui demander pourquoi il ne pouvait élever de remparts.

— La racine du mal s'étend très loin, répondit la Tortue d'or. Ce sont les mânes inassouvis d'un Prince de l'ancienne dynastie qui s'appuient sur les esprits de la montagne That Dieu pour venger leur pays perdu. De plus, se sont réfugiés dans cette montagne deux démons : un coq blanc vieux de plus de mille ans et un musicien d'autrefois qui a été enterré ici et s'est métamorphosé. Près de la tombe, se trouve une auberge tenue par un certain Ngô Không. Il a une fille et aussi un coq blanc, l'un et l'autre enfantés par les esprits maléfiques qui, surgissant des profondeurs de la montagne et prenant mille aspects divers, assaillent l'auberge et mettent à mort les voyageurs venus y passer la nuit. Or le coq blanc a pris pour femme la fille de l'aubergiste. Il faut donc tuer le coq blanc afin d'écraser du même coup les esprits malfaisants. Mais à peine écrasés ceux-ci se transformeront en un hibou à six pattes tenant dans son bec une requête adressée à l'Empereur du Ciel et réclamant la destruction de la citadelle. Il faudra attendre que le hibou se pose sur l'arbre « Chiên Dan[3] », alors je le mordrai. De douleur il lâchera la requête que vous ramasserez aussitôt et alors vous pourrez construire votre cité.

Sur les conseils de la Tortue d'or, le Roi An Duong troqua sa jaune tunique endragonnée contre un simple costume de voyageur. Puis sans palanquin ni monture, avec pour seule escorte la Tortue d'or devenue minuscule, suspendue à sa ceinture dans un étui à poèmes, il s'en fut vers l'auberge de la montagne.

L'aubergiste Ngô Không venait juste d'enterrer le voyageur mort la nuit précédente, il se reposait sur le seuil en tirant sur sa pipe à eau. Sa face marquée du sceau de la fatalité ne reflétait pas l'heureuse vacuité du fumeur et, sitôt qu'il aperçut le nouveau venu, elle prit la sombre coloration du fer refroidi.

— Passez votre chemin, Honorable Voyageur, fit-il d'un ton morne, cette auberge est hantée par des esprits malfaisants. Durant la nuit, ils tuent ceux qui ont le malheur de s'y arrêter. Votre humble serviteur lui-même se garde bien d'y rester. Il fait encore jour. Eloignez-vous !

— La vie et la mort sont affaire de destin, répondit le Roi en souriant. Les esprits maléfiques, je ne les crains pas.

L'aubergiste eut un haussement d'épaules résigné, encore un qu'il enterrerait le lendemain, pendant que sa fille à la chevelure longue et au teint blanc comme un œuf jetait à la dérobée sur leur hôte des regards effrontés.

Or donc le Roi s'installa à l'auberge pour la nuit, non sans avoir au préalable accroché la Tortue d'or au linteau de la porte ainsi qu'elle l'avait dit. S'étant étendu sur son bat-flanc, il s'endormit.

On devait approcher de l'heure du Buffle[4] quand un grand souffle succédant à un hallucinant silence parcourut la montagne qui se remplit de présences... Soudain se leva un vent à arracher, comme on dit, la terre devant la porte des Dix Enfers. L'auberge gémit de toute sa charpente, la porte battit à tout rompre, tandis que les ténèbres s'emplissaient de cris, de vociférations et de rires de déments.

Réveillé en sursaut, le Roi entendit quelqu'un au-dehors ébranler furieusement la porte des pieds et des poings, appeler la fille de l'aubergiste et hurler :

— Qui est là dedans ? Ouvrez la porte !

— Je te défie de l'ouvrir, répondit la Tortue d'or.

Sans trêve, d'autres démons prirent la relève, criant d'ouvrir la porte, prenant mille et un aspects, usant de ruses innombrables afin de terrifier l'esprit du noble voyageur. Et ce jusqu'à l'aube, sans réussir à pénétrer.

Au premier chant du coq, force leur fut de déguerpir vers leur repaire de démons du mont That Dieu.

Quand, un peu plus tard, l'aubergiste Ngô Không s'en revint à l'auberge avec de l'aide pour enterrer l'honorable voyageur, il eut un sursaut en le voyant toujours vivant, souriant et parlant.

— Seigneur, dit-il prosterné à ses pieds, si vous avez survécu, certainement vous êtes un saint. Alors veuillez me donner un remède du Ciel pour sauver désormais les voyageurs.

— Tuez votre coq blanc, répondit sans hésiter le Roi. Offrez-le en sacrifice aux génies et les démons seront dispersés à jamais.

A peine Ngô Không avait-il tranché le cou du coq que sa fille avec un grand cri s'écroulait face contre terre, morte. Qui l'eut reconnue dans la dépouille gisant sur le sol, noire et ratatinée ?

Sur ce, le Roi envoya les gens de l'auberge fouiller la montagne That Dieu. Ils mirent à jour de nombreux instruments de musique anciens et des ossements humains qui furent immédiatement réduits en cendres et engloutis dans les tourbillons de la rivière.

Restait encore à gravir la montagne Viet Thuong à la recherche de l'esprit malfaisant métamorphosé en hibou.

Le Roi An Duong et la Tortue d'or l'atteignirent à la tombée de la nuit. Le long de sentiers aussi entortillés que boyaux de chèvre, ils cheminèrent sans bruit jusqu'à l'arbre de santal.

Perchés sur la plus haute branche, les esprits malfaisants étaient bien là qui avaient pris la forme d'un hibou à six pattes tenant dans son bec la requête à l'Empereur du Ciel.

Furtivement, la Tortue d'or transformée en souris noire s'en approcha et lui planta ses dents aiguës dans la patte. De douleur, le hibou lâcha la lettre dont le Roi aussitôt se saisit. Elle était rongée plus qu'à demi !

A compter de ce jour, les esprits malfaisants, telles des feuilles mortes emportées par le vent, des nuages par la bourrasque, disparurent. Entre la floraison des chrysanthèmes et celle des abricotiers et des pêchers, la Cité du Coquillage, enroulée dans ses remparts, put être édifiée.

Quand au bout de trois ans, la Tortue d'or décida de s'en aller, le Roi An Duong très ému lui dit :

— Grâce à vous, Puissant Génie, la citadelle s'élève désormais puissante. Mais en cas d'invasion, comment la défendrai-je ?

— La grandeur ou décadence des empires, la guerre ou la paix dépendent de la volonté du Ciel, mais aussi de l'action humaine qui peut influencer le destin. Roi, ce que vous désirez, je vous l'accorde volontiers.

A ces mots, elle arracha une griffe de sa patte et, encore tiède et sanguinolente, la lui tendit :

— Faites de cette griffe la gâchette de votre arbalète. Si des ennemis surviennent, lancez sur eux vos flèches et soyez sûr de la victoire.

Ensuite, le Roi An Duong accompagna la Tortue d'or hors des portes de la Cité du Coquillage et la suivit des yeux jusqu'à ce qu'elle eût disparu dans la mer de l'Est.

Le lendemain, après un sacrifice à l'intention du génie protecteur en signe d'infinie gratitude, il ordonna à l'un de ses sujets nommé Cao Lo, fort habile arbalétrier, de confectionner un arc ayant la griffe de la tortue pour gâchette. Une fois l'arc achevé, qui était une pure merveille, le Roi le fit suspendre par précaution dans sa chambre, à la tête de son lit-dragon où à tout instant il pouvait le contempler.

On lui donna le nom d'« *arc enchanté de la griffe de la Tortue d'or à l'éclat surnaturel* ».

Mais l'histoire n'est pas terminée.

Les textes anciens disent encore que le royaume Au Lac, sous le règne du Roi An Duong, connut une si longue période de paix que les hommes désapprirent à faire la guerre ; mais qu'en l'année Tân-mao[5] le Roi chinois Trieu Da[6], avide de richesses, épris de puissance, conduisant une forêt humaine hérissée de lances, de piques et de hallebardes, envahit le pays.

Le Roi An Duong sortit alors de la ville à la tête de ses troupes qui n'avaient jamais combattu. La bataille devait durer à peine le temps de mâcher une chique de bétel. Avec son arc magique, le Roi tira trois flèches et aussitôt trente mille ennemis jonchèrent le sol pendant que les survivants, nuages dans la tourmente, se débandaient et s'enfuyaient.

Ainsi An Duong devait-il repousser cette invasion et les suivantes, au mépris de toutes les stratégies déployées par Trieu Da, son adversaire, pourtant fort habile dans l'art de la guerre.

C'était vraiment le cas de dire que l'archer surnaturel avait mis à mal son prestige de tigre ! De mâle rage ses entrailles en étaient embrasées.

Comprenant alors que le souverain du Au Lac possédait quelque sortilège qui le rendait invincible, le Roi Trieu Da décida d'utiliser la ruse et mûrit son plan.

Vaincu, il demanda la paix et feignit les meilleures intentions du monde à l'égard du vainqueur, allant jusqu'à lui envoyer comme ambassadeur Trong Thuy, un de ses fils, en gage d'amitié et de concorde.

— Prends bien garde de ne pas oublier la mission dont tu es chargé à la cour de notre ennemi, dit-il en le quittant. Le sang de nos soldats crie vengeance. Si tu trahissais le serment fait sur l'autel de nos ancêtres, tu serais indigne de vivre.

— Père, soyez assuré d'être obéi, répondit le fils d'un ton grave.

Sans que tressaille un seul muscle de sa face de léopard, Trieu Da reçut cette promesse solennelle et, une fois vidée la coupe des adieux, ils se séparèrent.

Lorsque le jeune homme arriva en vue de la Cité du Coquillage enroulée vers le ciel, gardée par des guerriers sans armes, le cœur lui battit d'excitation. Là, dans un de ces palais aux arêtiers recourbés, au fond de quelque salle profonde, niché au cœur du bois ou de la pierre, se trouvait le secret du Roi An Duong qu'il se faisait fort de découvrir ! D'impatience, il lança sa monture.

A ce moment-là, le Roi An Duong, prévenu par les guetteurs, sortit aussitôt de la ville pour la cérémonie de réception hors des murs. C'était un Roi que la possession de l'*arc enchanté de la griffe de la Tortue d'or à l'éclat surnaturel* avait rendu débonnaire. Amateur de festins et de chanteuses, il ne souhaitait rien tant que vivre en bonne intelligence avec ses voisins dans son royaume calme et prospère. Aussi accueillit-il fastueusement le fils du belliqueux Roi Trieu Da dans l'espoir d'une paix durable.

Avec ses sourcils de ver à soie, son menton d'hirondelle, ses épaules larges et sa haute taille, le jeune Prince chinois Trong Thuy apparut à tous tel un héros de légende. Comme il joignait à une courtoisie innée un talent littéraire confirmé et une science accomplie des armes, il n'eut aucun mal à séduire la cour de Cô Loa et plus encore la délicate Princesse My Châu, la fille préférée du Roi, sa confidente.

De son côté, plus Trong Thuy contemplait My Châu, plus son cœur était troublé. Son visage avait la fraîcheur de mille fleurs écloses. L'aisance de ses gestes et sa candeur ajoutaient à l'éclat de sa beauté une séduction incomparable.

A les voir au fil des jours, l'un près de l'autre, tels deux rameaux de cerisier rapprochés par la brise, le Roi An Duong bénissait le Vieillard aux fils rouges[7] qui, en liant le sort de ces deux enfants, scellait la paix entre leurs deux pays.

Les rites du mariage accomplis, durant plusieurs saisons le jeune couple devait connaître un bonheur sans partage.

Mais hélas :

*Le malheur couve sous le bonheur.*

Une nuit, après les joies de l'oreiller partagé, le jeune homme comblé se souvint de la promesse faite à son père. Reprenant pied dans la réalité qui faisait de lui un Chinois appartenant à l'Empire du Milieu, et d'elle une barbare qui en était exclue, il se maudit d'être ainsi tombé dans son propre piège.

My Châu, perdue dans l'adoration de son époux, ne vit pas les ombres s'accumuler dans l'angle de ses paupières, son sourire se faire plus ambigu. Elle répondait en toute innocence aux questions de son époux bien-aimé à propos de son père, de son génie militaire, de plus en plus vite à mesure que celles-ci se faisaient plus pressantes.

— Petite Sœur, insistait Trong Thuy de sa voix la plus caressante, toutes ces victoires que Sa Majesté votre père a remportées, à qui dites-vous qu'il les doit ?

A cet instant My Châu, dans l'ivresse des révélations, se rappela soudain le serment fait à son père de ne jamais rien révéler sur l'arc magique ou de laisser sa vie au tranchant de son épée sacrée. Elle sentit ses os se transformer en glace et bredouilla :

— Votre petite sœur n'a rien dit. Elle ne doit pas.

— Notre petite chérie a-t-elle oublié que nous formons un seul être en deux personnes, que nos deux royaumes sont désormais alliés ? insista Trong Thuy en la prenant dans ses bras. Aurait-elle un secret pour moi, son époux ?

Il la tenait embrassée, la berçant comme un petit enfant. Ses yeux, tout son visage lui souriaient, attendaient...

Alors, avec élan, elle lui confia le secret de l'invincibilité du Roi An Duong, son père, le mystère de l'*arc enchanté de la griffe de la Tortue d'or à l'éclat surnaturel* suspendu au-dessus du lit-dragon qui, d'une seule flèche, tuait dix mille ennemis. Son amour était absolu, sa confiance totale.

Trong Thuy feignit de se réjouir d'être le gendre d'un Roi aussi puissant.

— Me serait-il permis de voir ce fameux arc enchanté ? fit-il d'un ton léger.

En cachette, My Châu le lui montra.

Néanmoins, de temps en temps, à l'occasion d'un geste tendre, d'une parole aimante du Roi son père, la Princesse sentait un malaise lui flétrir les entrailles : elle avait failli à sa promesse ! Mais, se rassurait-elle aussitôt, entre époux attachés l'un à l'autre comme colle et glu et qui plus est alliés, quelle importance cela pouvait-il bien avoir ?

A quelque temps de là, Trong Thuy, qui avait fait secrètement fabriquer une autre gâchette en tous points semblable à la griffe d'or de la Tortue, manifesta le désir de revoir l'arc encore une fois pour chanter, prétendit-il, sa beauté en quelques vers. Comment My Châu aurait-elle pu refuser cette faveur à un époux aussi fin lettré ?

Des lunes passèrent. Vers la fin de l'année, Trong Thuy obtint du Roi An Duong l'autorisation de rentrer chez lui, en Chine, saluer ses parents et visiter la tombe de ses ancêtres.

— Petite Sœur, dit-il en séchant les larmes de son épouse, si l'amour conjugal ne peut disparaître, les bienfaits des parents ne peuvent s'oublier, je dois retourner auprès d'eux.

— Quand vous reverrai-je ? Elle le regardait derrière l'écran de ses larmes.

— Bientôt, Petite Sœur, répondit-il tristement. Autant qu'à vous cette séparation me coûte. Une simple supposition car le sage doit tout prévoir : si, par la volonté du Ciel, un événement malheureux survenait entre nos deux pays, vous obligeant à quitter ce Palais, comment vous retrouver ?

Elle le regarda, effarée qu'un malheur plus grand que leur séparation pût encore arriver, puis elle se reprit :

— Cher époux, je possède un manteau de brocart doublé de duvet d'oie. A chaque carrefour, le long de ma route, je jetterai des plumes. Vous n'aurez qu'à les suivre pour me retrouver et me sauver.

Douloureusement leurs mains se désunirent et sur des promesses d'amour et de fidélité éternels, Trong Thuy sauta en selle à la tête de son escorte et, au galop, disparut.

Il emportait avec lui la griffe de la Tortue d'or pour laquelle, en fils irréprochable, il avait tout sacrifié à la piété filiale. Mais d'avoir abusé de la bonté du Roi An Duong et plus encore trahi l'amour de sa fille, le plongeait dans un affreux désarroi et il n'arrêtait pas de souffrir dans ses entrailles de neuf manières différentes.

Quand à son arrivée en Chine, le Roi Triêu Da reçut la griffe d'or qui lui livrait désarmés le Roi An Duong et son royaume, la joie détendit sa face de léopard implacable. Juste le temps de plier un doigt, car à l'écoute de l'ardent plaidoyer de son fils en faveur du Roi An Duong son beau-père, le visage de Triêu Da reprit son expression coutumière de froide cruauté : il attaquerait le royaume Au Lac et le vaincrait !

Respect à ceci !

A l'annonce de l'invasion de son royaume, le Roi An Duong poursuivit tranquillement sa partie d'échecs :

— Triêu Da a-t-il déjà oublié la puissance de mon arc enchanté ?

Comme l'ennemi encerclait la citadelle, le Roi daigna enfin s'emparer de son arbalète magique mais la première flèche qu'il tira manqua sa cible. Force était de constater que l'arc avait perdu tout pouvoir.

Alors, sous la poussée irrésistible de l'armée chinoise, ce fut au sein des pacifiques troupes du Au Lac la plus épouvantable panique et la plus effroyable débandade.

Dans la Cité du Coquillage envahie, les gens fuyaient de tous côtés parmi les cadavres amoncelés, dans le rougeoiement des incendies.

Ayant fini par découvrir My Châu, sa fille préférée, au fond du Palais sens dessus dessous, le Roi An Duong la prit en croupe et s'enfuit avec elle vers le sud. Courbé sur l'encolure de sa monture, il filait comme le vent, brouillant les pistes afin d'échapper à ses poursuivants, tandis que derrière lui My Châu, toute à la pensée de son époux, arrachait par poignées les plumes de son manteau pour les lancer innocemment à la croisée des chemins.

Or donc, dans sa fuite éperdue, le Roi arriva au bord de la mer, mais aucune barque n'était en vue, l'horizon était vide. Le chemin, semblait-il, s'arrêtait là.

— Le Ciel, gémit-il, a voulu ma perte. Envoyé de la Rivière Claire, où que tu sois, viens vite à mon secours !

A cet instant, les flots se soulevèrent sous la poussée d'une énorme carapace d'un blond éclatant et la Tortue d'or émergea pour crier au Roi An Duong d'une voix terrible :

— L'ennemi est derrière toi ! Pourquoi ne le mets-tu pas à mort ?

Tirant vivement son épée du fourreau, le Roi An Duong se retourna, protégeant sa fille de son bras libre. Derrière lui, il n'y avait que le ciel, la mer, le sable. Il n'y avait que le vent et le bruit des flots. Tout était désert.

Derrière lui, il n'y avait que My Châu, son enfant chérie.

Soudain, la lumière jaillit en lui. Il comprit. Ses yeux fulgurèrent. Son bras se leva.

— Si par trahison, j'ai nui à mon père, s'écria la jeune femme avant que la lame ne la transperce, que je devienne poussière ! Si fidèle à mon père et à mon pays, j'ai été trahie, que je sois transformée en perles !

La gorge tranchée, My Châu s'écroula sur le rivage et son sang coula dans les flots qu'aussitôt les huîtres perlières avalèrent... tandis que le Roi, saisissant une corne de rhinocéros, longue et brillante comme une pierre précieuse, s'enfonçait dans la mer en compagnie de la Tortue d'or qui lui ouvrait un chemin au milieu des eaux.

Quand Trong Thuy parvint enfin sur le rivage grâce aux plumes d'oie accrochées aux buissons çà et là, il ne trouva sur le sable que le corps ensanglanté de My Châu, son épouse, qu'il emporta sur son cheval, entre ses bras, afin de l'ensevelir dans la cité de Cô Loa.

Dès lors rien ne put calmer sa douleur ni atténuer son remords.

L'histoire dit que la nuit où Trieu Da son père fêtait la victoire de ses armes dans Cô Loa occupée, à l'heure où s'épanchait le capiteux parfum des citronniers, Trong Thuy alla se jeter dans le puits de la citadelle.

Cela se passait l'année Qui-ti[8], année de la débâcle du royaume Au Lac.

L'histoire dit encore que depuis lors les pêcheurs d'huîtres perlières de la mer de l'Est ont coutume de laver leurs perles dans l'eau de ce puits où elles acquièrent un orient incomparable.

NOTES

1. Giap-thân : 257 avant J.-C.

2. Van Lang : ancien nom d'un des premiers royaumes viêt.

3. Arbre de santal.

4. Heure du Buffle : de 1 heure à 3 heures du matin.

5. Tân-mao : 210 avant J.-C.

6. Général chinois Tch'ao, fondateur de la dynastie des Trieu (Tch'ao : 207-111 avant J.-C.).

7. Vieillard aux fils rouges, Vieillard de la lune, génie qui préside aux mariages.

8. Qui-ti : 208 avant J.-C.

# MADEMOISELLE CRAPAUDE

*Si vous prenez une femme, que ce ne soit pas pour sa beauté.*

Il y a bien longtemps, alors que sous le ciel régnait la grande paix et que la tranquillité s'étendait entre les quatre mers, vivait heureux derrière la haie de bambous de son village un riche paysan nommé Hai... jusqu'au jour où son épouse tomba malade.

Les Maîtres des médecines appelés à son chevet, après auscultation du pouls gauche et du pouls droit, parlèrent de souffles dispersés et défaillants, mais aucun ne put établir de diagnostic.

Du village voisin, Monsieur Hai fit alors venir l'un de ses amis, mi-sorcier, mi-médicastre, qui s'exclama à la fin de son examen :

— Oh! Frère Aîné et vous, Tante[1], il ne vous reste plus qu'à prier le Ciel de vous accorder un garçon, car bientôt votre famille va augmenter d'une unité.

Et tous de rire et de se récrier, à commencer par la malade, déjà mère pourtant de deux fillettes, qui n'avait nullement reconnu les signes.

— L'avenir dira qui peut se moquer des autres, répliqua le médicastre vexé.

— Maître, j'ai toute confiance en votre art, lui dit Monsieur Hai en le raccompagnant, et j'offrirai des sacrifices aux génies pour obtenir le fils qui assurera après moi le culte du feu et de l'encens[2].

Au bout de quelques mois, force fut d'admettre que le médicastre avait vu juste. Surprise qui devait se muer en stupeur le jour où l'accouchée, au terme d'une grossesse normale, mit au monde non pas un garçon ni une fille, mais un petit animal vert et gluant aux pattes palmées communément connu sous le nom de crapaude !

Honte, douleur et embarras des parents. Comment annoncer semblable nouvelle ? Que répondre aux traditionnelles questions ? Quels sacrifices offrir à la déesse de la naissance capable d'engendrer un tel être ?

Dans le doute, chacun s'abstint de suivre la coutume cependant que les curieux affluaient des quatre coins de l'horizon pour voir de leurs yeux de chair cet étrange rejeton.

Puis, au fil du temps, on oublia l'événement, la vie reprit son cours et les parents eux-mêmes finirent par chérir cette enfant qui n'avait d'une crapaude que l'apparence. Pour leur plus grande consolation, Thi Coc, Mademoiselle Crapaude, se comportait au sein de la famille comme une petite fille véritable, parlait et jouait avec ses sœurs et les enfants du voisinage; mieux encore, elle était extrêmement intelligente et douée de surcroît d'une fort jolie voix.

A l'école du village, c'est avec la plus grande facilité qu'elle apprit à lire et à écrire. Et à l'âge où les écoliers en sont encore aux rudiments de l'enseignement enfantin, Thi Coc achevait le cycle dit de la « petite étude ». Comme toute élève douée, elle aurait dû poursuivre au chef-lieu de province le cycle de la « grande étude » si ses parents, jugeant qu'une fille en sait toujours assez, ne l'avaient retirée de l'école pour lui confier la surveillance des travaux des champs.

Thi Coc regrettait amèrement l'enseignement du vieux lettré, son maître, sa chère salle d'études si propice au travail et à la méditation, son écritoire et son pinceau.

Vraiment on a raison de dire :

*Un tas d'or ne vaut pas un sac de caractères.*

Néanmoins, en fille obéissante, elle mit tout son zèle à sa nouvelle tâche, essayant à ses moments de loisir de parfaire seule son instruction par l'étude des quatre Classiques et des cinq Canoniques[3].

Et à tire-d'aile, le temps passa.

Les sœurs de Thi Coc devinrent de jolies jouvencelles, les compagnons de jeux de jadis de beaux jeunes gens. Ainsi Ngo, le fils de leurs voisins, qui suivait la noble voie des concours. Et bien des filles des alentours rêvaient d'épouser ce jeune homme studieux d'aspect élégant et gracieux qui un jour, peut-être, serait mandarin à la cour. De tous ces désirs-papillons en train de voltiger dans son sillage, Ngo ne savait rien. C'est peu de dire que ses études l'absorbaient tout entier.

Or, un jour qu'il se rendait de grand matin chez le Docteur Bang Nhan[4], son Maître, au village voisin, absorbé qu'il était à méditer sur la thèse et l'antithèse d'une dissertation à huit paragraphes, par mégarde, il coupa à travers les champs. On était au huitième mois de l'année, les plants de riz portaient déjà leurs épis.

— Monsieur, fit quelque part une voix ravissante, prenez garde, je vous prie. Vous êtes en train d'écraser mes gerbes de paddy !

Et ce par deux fois, avant que le jeune homme ne sursaute enfin et ne regarde autour de lui.

— Qui parle ainsi? fit-il ahuri car il ne voyait âme qui vive.

Un rire perlé s'éleva en cascade.

— Regardez donc à vos pieds. Je suis Thi Coc, la fille de Monsieur Hai, le fermier, fit la voix en riant encore.

N'osant plus faire un pas, le jeune homme obéit. Pas de doute, c'était bien cette petite bête aux yeux globuleux qui de tout son gosier déployé riait divinement entre les gerbes.

— Oh, bredouilla-t-il, j'ignorais que... Mais de crainte de la froisser en marquant sa surprise de l'entendre si bien rire et parler, il préféra se nommer et s'excuser : Veuillez me pardonner, Mademoiselle, d'avoir par inadvertance abîmé votre riz, je réfléchissais à la dissertation sur laquelle nous travaillons actuellement pour le concours provincial.

— Oh, vous êtes bien heureux vous, Monsieur Ngo, d'être un garçon et de poursuivre jusqu'au bout vos études !

Après ce cri du cœur, elle s'arrêta confuse.

— Car vous avez étudié, Mademoiselle Crapaude? fit Ngo de plus en plus surpris.

— Oh, je n'ai pas parcouru comme vous de vastes forêts de livres, à peine en ai-je lu quelques-uns.

C'en était assez pour piquer la curiosité de Ngo qui se mit aussitôt à la questionner sur ses goûts, ses livres préférés. En histoire, littérature, art, philosophie, se pouvait-il qu'elle en sache autant que lui ? Que son esprit soit si éveillé ? Ses idées aussi personnelles ? N'eût été le cours de Monsieur le Docteur Bang Nhan, il aurait aimé continuer de converser ainsi jusqu'à la nuit.

A compter de ce jour, il s'arrangea pour avoir avec Thi Coc de longues conversations quotidiennes qui le ravissaient. Outre sa culture, son intelligence, le charme de sa pensée, sa modestie et sa gaieté, il se dégageait d'elle quelque chose de tendre qui le captivait.

Tant et si bien qu'il finit par souhaiter passer sa vie entière à ses côtés, bref n'avoir jamais d'autre compagne en ce monde de poussière que Mademoiselle Crapaude.

En apprenant la nouvelle, ses parents passèrent de la stupéfaction à l'incompréhension avec des rires moqueurs, puis de l'indignation à la colère avec des éclats de voix, puis du chagrin à la consternation avec des lamentations.

Quels descendants mâles espérer d'une telle union pour assurer le culte des ancêtres ?

Comment le « Vieux de la lune » avait-il pu délirer au point de passer son fil rouge autour du pied de leur fils unique et de la patte palmée d'une grenouille ?

Quelle faute commise dans une vie antérieure devaient-ils donc payer ?

Le jeune homme demeura inébranlable. Se passant d'entremetteuse, il s'en fut chez le fermier Hai demander lui-même Thi Coc en mariage. Croyant à une méchante farce, les parents de Mademoiselle Crapaude se fâchèrent, s'étonnèrent puis ne surent que dire.

Longtemps, les deux familles discutèrent.

Finalement, Ngo arracha leur consentement en avouant sa conviction : un miracle se produirait le jour de leur mariage, qui délivrerait Thi Coc de sa peau de crapaud. Il ne pouvait manquer de se produire, son amour le lui disait. Sa connaissance des choses surnaturelles l'attestait. Par charité envers Thi Coc prisonnière d'un corps d'animal, ne fallait-il pas hâter la cérémonie ?

On réduisit donc les cérémonies préliminaires et le mariage fut célébré en observant les rites autant que faire se peut.

Hélas, le marié plein d'espoir eut beau offrir la parure de tête, les sandales brodées, les quatre tuniques nuptiales de la soie la plus fine... aucun génie compatissant ne vint ce jour-là délivrer la mariée pour qu'elle revête ses beaux atours.

C'est une petite grenouille verte, tout humide d'émotion que Ngo installa dans leur nouvelle demeure du village voisin.

Comment croire encore le proverbe : *Le crapaud pousse trois cris et il est entendu du Ciel* ?

De dépit, le père de Ngo condamna sa porte à son fils. Qu'il revienne donc se prosterner devant l'autel familial en compagnie d'une fiancée décente ! Ainsi parlaient par sa voix les ancêtres.

Mais la déception ne pouvait entamer l'amour de Ngo pour Thi Coc. Avec un zèle redoublé, il retourna à ses chères études à l'école du Docteur Bang Nhan dont il était le meilleur étudiant, le plus envié aussi.

Ses camarades avaient eu vent de son étrange mariage. *Langue de lézard, langue de margouillat* pour la plupart, ils jalousaient Ngo pour son talent et trouvèrent là l'occasion de le persécuter pendant que leurs sœurs, cousines et amies, humiliées de se voir préférer une crapaude, poussaient encore à la roue.

Leurs rires et leurs railleries se déchaînaient sitôt qu'il franchissait le portail de l'école et ne cessaient qu'à l'apparition du

Maître, pour reprendre à la sortie des cours, et ce, jour après jour.

Comme rien apparemment ne semblait troubler Ngo, ses condisciples exaspérés décidèrent de lui infliger une épreuve.

Prenant prétexte d'un anniversaire chez le Maître, ils décidèrent que chacune de leurs épouses préparerait une pâtisserie. On verrait alors comment Ngo allait se débrouiller avec sa femme crapaude. Et de se pousser du coude, de rire et de se réjouir à l'avance de son embarras.

Qui à la maison, songeait celui-ci, pourrait préparer des gâteaux ? Sa mère était trop âgée désormais, quant à sa chère Thi Coc, elle avait beau s'activer d'un bout à l'autre de la journée, pouvait-il demander l'impossible à ses pauvres petites pattes palmées ? Elle en serait ulcérée. Mieux valait ne rien lui dire et se rendre ce jour-là chez le Maître les mains vides.

C'était compter sans l'intuition féminine.

— Me direz-vous, Grand Frère, pourquoi vous arborez ce front ennuagé ? Ne devons-nous pas tout partager, joies et soucis ?

Comment résister à sa jolie voix flûtée ? Affectant de prendre un ton léger, il fit allusion aux mets sucrés que chaque étudiant devait apporter pour l'anniversaire du Maître.

Thi Coc lui répondit tranquillement qu'il n'y avait vraiment pas de quoi se mettre martel en tête avant d'annoncer : « Le riz est cuit. » Signe qu'il était servi. Après le repas, comme à l'accoutumée, ils se mirent à lire ensemble sous la lampe. Et personne n'en parla plus.

Quand arriva le jour de l'anniversaire, Ngo s'apprêtait à partir chez le Maître persuadé que, grâce au Ciel, Thi Coc n'y pensait plus, lorsque celle-ci le tira par un pan de sa tunique :

— N'oubliez pas, Grand Frère, votre présent au Maître !

Quelle sorte de pâtisserie pouvait bien contenir ce plateau si mal empaqueté dans des feuilles de bananier. ? Mais à la pensée des efforts que Thi Coc avait dû déployer, Ngo eut honte d'avoir songé à s'en débarrasser dans le premier fourré et se confondit en remerciements.

Une belle animation régnait ce jour-là dans l'école. Sur un bat-flanc décoré étaient exposées, telles de jolies offrandes, les pâtisseries des épouses. Chacune avait réalisé là une spécialité et s'était surpassée. Sous les regards railleurs, Ngo se hâta de déposer son vilain paquet dans un coin avec l'espoir insensé qu'on l'oublierait.

Le Maître admirait, goûtait, appréciait.

— Maître, fit l'étudiant le plus virulent,

au visage enflé en gaine d'aréquier, vous nous avez tous complimentés pour le talent de nos épouses. Est-ce tout à fait juste quand vous n'avez ni vu ni apprécié les gâteaux de crapaud de la femme de Ngo ?

Il exhibait le plateau mal ficelé de Thi Coc et le tenait en riant à deux bras à la hauteur de ses sourcils[5].

— Voyons cela en effet.

Ngo aurait voulu que la terre s'ouvre et l'engloutisse pendant que le Maître déballait posément le paquet. Tout autour, les cous se tendirent, les têtes se rapprochèrent à se toucher, les bouches s'ouvrirent prêtes à se moquer.

— Quelle merveille ! s'exclama le Maître, au milieu de ses étudiants soudain aussi silencieux que des feuilles.

Ce qui s'offrait à leur vue, c'étaient tous les gâteaux de leur vieux pays, de toutes formes et de toutes couleurs, depuis les gâteaux-la-lune ornés de dragons, en passant par les *banh côm* verts, les *banh gùng* glacés au sucre qui ressemblaient à des racines de gingembre, les *banh quê* ronds parfumés à la cannelle, les *banh ran* de pâte de riz, et jusqu'aux *bành chung* carrés et aux confiseries telles que les bonbons de sucre soufflé en forme d'animaux, les nougats, les mains de Bouddha, les papayes, les racines de cactus, les graines de lotus confites...

Chaque spécialité en tous points conforme à la tradition et capable de satisfaire le connaisseur le plus exigeant !

Bien qu'il s'efforçât de n'en rien laisser paraître, le moins surpris n'était pas Ngo. « Voilà bien la face cachée des talents de ma chère Thi Coc à qui je serai heureux de transmettre ce soir les félicitations du Maître ! » pensait-il soulagé en espérant que, du même coup, les railleries cesseraient.

Mais que peut-on attendre de *gueule de tigre, venin de serpent* ?

Comme approchaient les fêtes du Têt, l'étudiant au visage enflé en gaine d'aréquier suggéra à ses camarades une seconde épreuve, ayant toute chance celle-là de réussir.

Puisque la tunique du Maître était usée, chacune de leurs épouses lui en confectionnerait une nouvelle sans prendre de mesures au préalable. Si la femme crapaude de Ngo s'était révélée bonne cuisinière, quelle chance avait-elle d'être également bonne couturière ? Et quelle agilité pourraient avoir dans la soie ses misérables pattes ? De plus, n'ayant jamais vu le Maître, elle serait obligée de tailler au jugé ! N'était-ce pas là une excellente idée ? Et derechef, de rire et de se moquer.

Ainsi fut-il décidé.

Ngo fit part de cette seconde épreuve à Thi Coc qui ne parut guère plus s'en émouvoir que de la première.

Lorsque le jour du Têt arriva, Ngo, vêtu de neuf en signe de renouveau, s'apprêtait à aller présenter au Maître les souhaits traditionnels quand Thi Coc le tira par un pan de sa tunique :

— Grand Frère, je vous prie, n'oubliez pas votre présent au Maître !

En recevant le paquet rouge mal ficelé, Ngo la remercia chaleureusement. Une fois hors de sa vue, il s'arrêta pour tâcher de le rendre plus présentable, par respect pour son Maître et par amour pour Thi Coc.

Et ce faisant, la pensée de sa chère femme lui dilatait les entrailles d'amour et les lui flétrissait de tristesse. En ce jour du Renouveau, fête du Printemps, fête des Ancêtres, fête de la Famille, combien il déplorait que la métamorphose de son épouse très aimée ne se fût jamais produite !

Dans la maison du Docteur Bang Nhan fleurie de branches de pêcher et décorée de sentences parallèles, ses camarades goguenards guettaient son arrivée.

— Maître, Ngo étant votre meilleur élève, dit d'un ton doucereux l'étudiant au visage en gaine d'aréquier, n'est-il pas équitable qu'il offre son cadeau en premier ?

Et tous de loucher sur le paquet rouge avec des mines réjouies.

Seulement voilà, comme on dit :

*Le Ciel n'a pas donné des ailes au tigre*[6].

Le Maître devait extraire du papier chiffonné la plus somptueuse des tuniques qu'on eût dit brodée par les fées, et ne résista pas au plaisir de l'essayer : elle lui allait parfaitement. Aucune autre parmi toutes celles qu'on lui offrit ce jour-là qui pût lui être comparée !

— Vraiment, dit l'étudiant au visage enflé avec un regard coupant comme l'eau, voilà une couturière insurpassable. Il est regrettable que notre Grand Frère Ngo nous cache un tel talent. Pour réparer cette erreur, pourquoi, Maître, ne pas nous autoriser à venir demain avec nos épouses présenter nos vœux ?

Le Maître ne vit pas le regard implorant de son meilleur élève et asquiesça.

Ngo rentra chez lui anéanti. Au milieu de cette fête, de toutes ces jeunes femmes aux chignons nuageux et aux longs pantalons flottants, comment sa chère Thi Coc, sous sa chétive apparence de crapaude des forêts, pourrait-elle ramener sa face ? Jusqu'ici elle avait vaillamment supporté son sort. Ne risquait-elle pas sous leurs quolibets de mourir d'humiliation ? Chemin faisant il invoquait le Ciel, mais décidément le Ciel était trop loin !

Thi Coc l'accueillit toute à la joie d'être présentée au Vénérable Docteur Bang Nhan à la fête du lendemain. Comment le savait-elle ? Ngo était si désespéré qu'il ne pensa même pas à s'en étonner.

Il passa la nuit à voir passer et repasser devant ses yeux, masques cruels suspendus aux griffes de la nuit, les visages de ses camarades.

Le lendemain, force fut de se mettre en route pour se rendre chez le Maître. Tel un condamné qui, cangue au cou, avance vers le lieu de son supplice, Ngo marchait devant le long des rizières et des champs de mûriers, suivi de Thi Coc qui sautillait joyeusement de-ci, de-là.

— Grand Frère, fit-elle soudain de sa jolie voix, je viens de perdre mon épingle de tête dans ce buisson, veuillez m'attendre un petit moment, je vous prie.

Les sourcils et les lèvres mornes, Ngo se retourna. Quelle épingle de tête, pour quel chignon ? Elle était chauve ! Il haussait déjà les épaules quand ses yeux se remplirent de larmes : pauvre petite Thi Coc toujours prête à vouloir donner le change !

— Petite Sœur, laisse-moi t'aider, fit-il d'une voix enrouée.

— C'est inutile, répondit-elle de dessous les branches. On eût dit qu'elle faisait de grands efforts pour se dégager, le buisson en était tout agité.

— Thi Coc! cria Ngo alarmé en s'élançant. Thi Coc? répéta Ngo incrédule quand elle surgit devant lui d'entre les feuilles, si belle. Belle à renverser, comme on dit, les citadelles. Petite Sœur, est-ce vous, vraiment?

Elle se mit à rire de sa surprise et son rire en cascade était bien celui de Mademoiselle Crapaude qui l'avait tant séduit la première fois.

— Petite Sœur, pourquoi avoir tant attendu?

— Parce que, répondit-elle, et sa voix était bien celle de Mademoiselle Crapaude, le temps n'était pas venu. Auparavant le Ciel devait s'assurer de la constance de vos sentiments et mettre votre conviction à l'épreuve. Car cette métamorphose, prévue par le Ciel depuis le jour de ma naissance, exigeait un amour exceptionnel. Le vôtre, mon cher époux, fit-elle en rougissant de la plus exquise façon. Maintenant, pressons-nous d'aller présenter nos respects au Maître avant de faire part de l'heureuse nouvelle à nos parents.

Main dans la main, ils s'élancèrent sur le chemin. Ebloui, captivé, tantôt ivre de joie, tantôt malade d'inquiétude, Ngo était comme fou et ne se lassait pas de la contempler, la suppliant de ne pas changer, de conserver à tout jamais sa radieuse forme humaine.

Quand il se souvint du buisson. Là se trouvait la clef des métamorphoses : sur-le-champ il lui fallait y retourner.

Prétextant la perte de son couteau, Ngo demanda à son épouse de poursuivre sa route pendant qu'il retournait sur ses pas le chercher, promettant de la rejoindre sans tarder.

Dans le buisson effectivement, il découvrit sous une grosse pierre la vilaine peau de crapaud. Avec quelle belle précipitation il se mit séance tenante à la tailler en mille lanières qu'il éparpilla ensuite gaiement dans les airs ! Puis il se hâta de rattraper son épouse sur le chemin.

Dans la demeure du Docteur Bang Nhan, l'impatience des étudiants était à son comble. Sûr de son fait, l'étudiant au visage enflé en gaine d'aréquier exultait.

L'apparition de Ngo et de Thi Coc fit à tous l'effet d'un coup de tonnerre dans un ciel bleu. De rage jalouse et de sourde hostilité, les visages se figèrent, les yeux s'étirèrent, les nez se pincèrent, ceux des épouses en particulier.

— Voilà, dit le Maître souriant en s'avançant vers Thi Coc, *un trésor digne de séjourner dans le palais lunaire*. On conçoit aisément les raisons de Ngo de vouloir garder jalousement une aussi belle et talentueuse épouse ! Je comprends maintenant, fit-il à l'adresse de ses étudiants déconfits, à quoi rimaient toutes vos moqueries et manigances et je suppose que vous êtes satisfaits au-delà de toutes vos espérances. Ne devons-nous pas, en effet, nous réjouir du talent ou du bonheur des autres comme si c'était le nôtre ?

Et de sourire finement devant leurs faces amidonnées de statues fraîchement laquées.

NOTES

1. Appellations amicales et respectueuses n'impliquant pas forcément une idée de parenté.

2. Culte des ancêtres.

3. Les Quatre Livres Classiques : *La Grande Etude*, *Paroles discutées*, *Livre de Mencius*, *Juste et Invariable Milieu* ; les Cinq Livres Canoniques : *Livre de Poésie*, *Livre d'Histoire*, *Livre des Mutations*, *Livre des Rites*, *Printemps et Automnes*.

4. Bang Nhan : Second Docteur au concours du doctorat.

5. En signe de respect. Ici par dérision.

6. Le Ciel met une limite aux mauvais desseins des hommes méchants.

# ONCLE CUÔI
# OU
# L'ARBRE DANS LA LUNE

*Oh ! sur la lune belle comme un bouclier d'argent*
*Regardez ! Il y a un homme...*
*Il est au pied de l'arbre*
*Il nous regarde et il sourit...*

En des temps très anciens vivait un jeune homme du nom de Cuôi, Caillou. Il était si pauvre qu'il avait dû se louer comme gardien de buffles. Et encore ne recevait-il point de salaire, seulement de quoi se nourrir et une misérable paillote.

Un jour, son maître lui fit atteler cinq chariots tirés par des buffles pour aller chercher en forêt le bois nécessaire à la construction d'une nouvelle maison. Une fois sur place, il ordonna à Cuôi de surveiller les bêtes et d'aller chercher de l'eau pour faire leur cuisine pendant que lui-même et ses valets iraient abattre les arbres.

Cuôi s'en revenait auprès de ses buffles avec ses seaux pleins d'eau lorsqu'il aperçut, rôdant le nez au vent, un jeune tigre. Réalisant tout le parti qu'il pourrait tirer d'une telle prise, il se rua sur lui. Et voilà l'animal estourbi d'un coup de poing et terrassé d'un coup de savate !

Cuôi le saisissait déjà par la peau du cou quand retentit soudain un rugissement terrifiant et jaillit des profondeurs des bois une gigantesque tigresse aux yeux de feu. D'une seule détente de sa masse énorme, elle allait bondir en l'air pour retomber sur lui, comme tout félin qui se respecte.

— *Oï Troï Oï* ! hurla Cuôi dont les trente-six dents s'entrechoquaient de terreur, en jetant le petit tigre à terre pour grimper sur l'arbre le plus proche.

La vue de son petit ensanglanté stoppa net l'élan de la tigresse. Elle le flaira, battit l'air de sa queue en rugissant de colère à l'est et à l'ouest, puis se coucha près de lui avec des feulements de détresse.

Caché dans le feuillage, Cuôi n'aurait pas même osé lâcher un pet. Au bout d'un moment qui lui parut aussi long que trois automnes, il la vit se diriger vers un arbre, en arracher quelques feuilles et se mettre à les mastiquer consciencieusement. Après quoi, elle revint appliquer cette pâte verte sur les blessures de son petit et lui en glisser un peu dans la gueule. Entre les branches, Cuôi écarquillait des gros yeux d'escargot.

Etait-ce possible ? Le petit tigre, mort un instant plus tôt, maintenant s'étirait, bâillait comme au sortir d'une sieste et suivait en gambadant sa mère qui, d'une souple foulée, déjà s'éloignait !

Cuôi avait toujours cru que l'homme et l'animal sur terre étaient périssables, semblables à la fleur du printemps, à la lune de l'automne. D'avoir vu un tel prodige, ses entrailles en étaient toutes brouillées.

Descendant alors de sa cachette, il courut arracher à l'arbre miraculeux une bonne poignée de feuilles qu'il fourra dans son sac, se gardant bien de raconter quoi que ce soit lorsque le maître et ses valets revinrent charger le bois coupé sur les chariots.

Mais sur le chemin du retour, apercevant le cadavre d'un chien flotter au bord d'un étang, il demeura en arrière, le repêcha et lui fourra dans la gueule la feuille qu'il venait de mastiquer. Aussitôt, l'animal bondit sur ses pattes en jappant, s'ébroua et joyeusement lui emboîta le pas.

Le lendemain, en compagnie de son chien, il retourna dans la forêt, extirpa l'arbre en prenant grand soin de ne pas endommager ses racines et le replanta devant sa paillote.

Vers l'heure Ngo[1], comme Cuôi gardait ses buffles, son chien l'alerta de ses aboiements. Effectivement, non loin de là, gisait près d'un buisson la dépouille d'un vieux mendiant. Il se dépêcha de mâcher quelques feuilles, les lui glissa non sans mal entre les dents. Immédiatement, le vieillard ouvrit les yeux et se redressa. Son visage était plein de noblesse et son sourire, de bonté.

— Mon enfant, dit-il, cette plante est la plante de vie que vous envoie le Ciel. Utilisez-la à bon escient pour aider vos semblables et surtout n'employez pour l'arroser que l'eau la plus pure, sinon elle s'envolerait au ciel...

Puis il s'effaça sans qu'il restât de lui la moindre trace. Par trois fois Cuôi s'inclina en promettant d'y veiller car il savait combien les objets sacrés redoutent la saleté.

Au soir de ce même jour, il s'apprêtait à rentrer chez lui lorsqu'il entendit dire que la fille d'un notable du village était morte la veille. S'étant fait conduire jusqu'à la chambre funéraire, il demanda aux parents qui pleuraient des larmes de sang :

— Est-ce là votre seul enfant pour que vous vous désoliez ainsi?

Ils répondirent que c'était le seul.

— Voulez-vous que je la ressuscite?

— Neveu, répondirent les parents effondrés, si tu peux la ressusciter, ressuscite-la car nous ne savons plus que faire.

Cuôi ayant exigé de rester seul avec la jeune morte, les parents firent sortir l'assistance et tirèrent un rideau devant la porte de la salle.

Puisant alors quelques feuilles dans son sac, le gardien de buffles se mit à les mâcher et introduisit cette pâte entre les petites dents de jais de la défunte.

D'abord, elle agita les pieds et les mains.

Puis elle battit des paupières et soupira.

Enfin elle se leva et demanda à boire. Et elle but, elle but jusqu'à épuiser toute une jarre.

On peut dire qu'avec sa chevelure de nuage, ses joues roses, ses lèvres vermeilles et sa bouche souriante, la fille ainsi ressuscitée était encore plus belle que par le passé.

A peine ramenée à la vie, elle jeta ses longs yeux sur Cuôi son sauveur, le trouva joli garçon et obtint de son notable de père reconnaissant la permission de l'épouser.

Au comble du bonheur, Cuôi ramena donc sa jolie femme chez lui.

— Garde-toi, Petite Sœur, dit-il en lui montrant la plante de vie, d'aller te soulager au pied de cet arbre sacré car il s'envolerait au ciel !

Et cet avertissement, à satiété il devait le répéter.

Or donc, comme si tous les crieurs publics de tous les villages de la région l'avaient annoncé, la nouvelle s'était répandue qu'un gardien de buffles possédait devant sa paillote un arbre magique qui guérissait les malades et ressuscitait les morts.

Aussitôt paysans et mandarins d'accourir du fin fond de l'horizon : les uns pour admirer l'arbre, les autres pour arracher ses feuilles, le dépouiller de son écorce, recueillir sa sève.

De crainte que l'arbre ne finisse par périr, Cuôi interdit à quiconque de l'approcher. Mais que pouvait-il faire tout seul, *court de cou et faible de voix* devant une telle meute ensauvagée par le désir de vivre et de guérir ?

Profitant d'une absence de Cuôi, par vengeance des gens de mauvais sang et de mauvaise salive trucidèrent sa jeune femme et jetèrent ses entrailles dans la rivière avant d'abandonner son cadavre au pied de l'arbre.

Comment prétendre encore qu'*entre les quatre mers, tous les hommes sont frères* !

En découvrant le corps mutilé de son épouse, Cuôi crut devenir fou, mais confiant dans le pouvoir de son arbre, il se hâta de mâcher quelques feuilles. Seulement voilà : comment vivre sans entrailles ?

— Prends les miennes, lui dit alors son brave chien.

C'est ainsi que la jeune femme put revenir à la vie tandis que Cuôi, bouleversé par tant de fidélité, se dépêchait de ranimer son chien en lui façonnant des entrailles en terre.

Et l'existence prit un tout autre cours : Cuôi ne gardait plus les buffles ; on venait le chercher des autres villages pour soigner les gens si bien qu'il passait son temps à sillonner le pays, guérissant ici et ressuscitant là.

Quant à son épouse, depuis sa seconde résurrection, intelligence et conscience soudain semblaient lui faire défaut. Elle était de plus en plus distraite, ne prêtant guère attention à rien.

Or il advint qu'un jour qu'elle vaquait aux soins du ménage, elle fut prise soudain d'un besoin pressant.

Oublia-t-elle la recommandation expresse de son époux de ne jamais, au grand jamais, se soulager au pied de l'arbre sacré ?

Eut-elle envie, agacée par les éternelles mises en garde de son mari, de transgresser cet interdit ?

Ou obéit-elle tout simplement à ses entrailles de chien ?

Toujours est-il qu'elle alla tout droit uriner contre l'arbre !

Au même instant, des abîmes s'éleva une prodigieuse tornade. En tourbillonnant, elle déracina l'arbre. Cuôi qui rentrait avec son chien vit son arbre s'envoler et eut juste le temps de s'agripper à ses racines. C'était un homme qui avait, comme on dit, *nerfs et os*[2]. Mais il eut beau faire, rien ne pouvait stopper désormais l'extraordinaire ascension de l'arbre à travers l'espace.

Emporté par cette force cyclonique, l'arbre avec Cuôi et son chien accrochés à ses racines continuait en tournoyant vertigineusement de monter, de monter encore, de monter toujours, de monter éternellement jusqu'à ce qu'il termine enfin sa course dans le féerique désert de la lune. Car ainsi, de toute éternité, en avait décidé le Ciel.

Depuis cette époque, Cuôi et son arbre vivent dans la lune.

C'est pourquoi, par les nuits très claires, quand la lune est ronde, on peut nettement voir l'ombre noire d'un arbre et en dessous, tout aussi sombre, celle d'un homme.

C'est Oncle Cuôi assis au pied de son banian en compagnie de son chien.

NOTES

1. Midi.
2. Individu fort et robuste.

## L'ENFANT GIONG

*Le neuvième jour du quatrième mois,*
*des quatre coins de l'horizon,*
*on accourt à la fête de Giong.*

Cela se passait sous le règne de Hùng Vuong VI, Roi du Van Lang[1].

En ce temps-là, dit-on, « les mœurs étaient simples et pures, les actes administratifs se faisaient au moyen de cordes nouées ». Le peuple se tatouait le corps de monstres marins pour effrayer les crocodiles, tissait des nattes de chaume, cuisait le riz dans des tubes de bambou et vivait dans des maisons sur pilotis par crainte des tigres.

Le royaume était puissant et riche. Cette prospérité excitait d'autant plus la convoitise de la Chine des Han que Hùng Vuong VI, amolli par de longues années de paix, négligeait quelque peu l'art de la guerre. Déjà le suzerain du Nord commençait, sous couvert d'une inspection, à masser ses troupes aux frontières...

Averti de cette menace, le Roi Hùng Vuong VI convoqua ses chefs civils et militaires afin d'y faire face. Mais tous restèrent aussi silencieux que des feuilles et aussi inquiets qu'un poisson sur le hachoir, incapables de concevoir le moindre plan de défense. Le Roi songeait tristement en contemplant les membres de son clan : « Le recrutement des chefs de valeur devient difficile quand la paix se prolonge ! Quoi, ne se trouvera-t-il aucun homme pour surgir le moment venu des profondeurs du pays et repousser l'ennemi ? Royaume du Van Lang, où est donc la force venue du fin fond de tes entrailles qui te fera survivre ? »

— Pourquoi Votre Majesté, conseilla respectueusement son astrologue, ne demande-t-elle pas à Lac Long Quân[2] de lui apporter son aide ?

Pendant que le Roi Hùng observait strictement l'abstinence, brûlait de l'encens et priait trois jours durant, on éleva un tertre pour la cérémonie et on prépara les offrandes destinées au père fondateur de la dynastie.

Comme le Roi achevait de sacrifier, un grand vent jaillit tout à coup du ciel serein, bientôt suivi d'une forte pluie, et l'on vit alors apparaître un vieillard haut de neuf *thuoc*[3] au visage épanoui, au ventre rebondi, à la barbe et aux sourcils fleuris. A le voir ainsi rire, parler, chanter et danser, les gens en conclurent que c'était là un personnage extraordinaire et coururent avertir le Roi qui vint en personne le saluer puis l'inviter devant le tertre aux offrandes.

Mais le vieillard ne mangea ni ne parla.

Le Roi dit alors :

— Nous savons que l'armée du Nord se prépare à envahir notre pays. Vénérable Vieillard, observant les faits au miroir de votre sainte sagesse, pouvez-vous nous dire quelle sera l'issue de la bataille ?

Ayant sorti les baguettes d'oracle et consulté les divinités, le vieillard annonça au Roi :

— L'ennemi du Nord viendra dans trois ans. Il sera nécessaire de bien fourbir les armes, d'exercer les troupes au combat et de rechercher les hommes de talent. Une fois trouvé l'homme qu'il faut, les agresseurs seront vaincus.

Ce disant, il s'éleva dans les airs en direction de la mer Orientale et tous comprirent qu'il était Lac Long Quân, le Seigneur Dragon Lac en personne.

Si vous voulez savoir ce qui arriva, il faut lire la suite ou vous ne le saurez pas !

Or, à cette époque, dans un modeste village du delta nommé Phù Dông, province de Vo Ninh, vivait une pauvre femme qui avait passé sa vie à attendre et rien n'était jamais venu, ni époux, ni enfant, seulement la pluie, le vent, la rosée du matin. Son cœur pourtant était vide de toute amertume. Elle allait son humble existence de *ba-gia*[4], glaneuse de gerbes de paddy, pêcheuse de liserons d'eau, digne et respectée de tous.

Il advint qu'un jour qu'elle revenait de labourer avec le feu et le couteau, elle buta, au détour du chemin, sur une gigantesque empreinte de pied humain et resta piquée à la contempler, fascinée.

Quel génie était passé par ici ? Mais les génies eux-mêmes qui sont partout et voient tout ne laissent sur la terre aucune marque visible de leurs pas, sinon on pourrait les suivre à la trace jusqu'au bout de la terre.

Ainsi pensait-elle en tournant autour de ce pas de géant, car c'en était un assurément dont les bras devaient enlacer les montagnes et la tête se perdre dans les nuages. Plus elle songeait aux proportions de ces jambes, de ces cuisses, de ce ventre, de ce torse, de ces épaules de géant, plus une curieuse langueur l'envahissait, lui troublait délicieusement les entrailles.

A cet instant – regard à l'est, regard à l'ouest pour s'assurer qu'elle était seule –, prise d'une impulsion subite, elle posa délibérément son pied dans l'empreinte et, les yeux clos, s'abandonna à l'étrange plaisir qui soudain par ondes successives inondait un corps qu'elle avait cru mort depuis longtemps. Et elle restait là, tremblante de bonheur et de confusion, souhaitant que cet instant durât toujours, s'attardant au beau milieu de l'empreinte encore et encore... Quand, enfin, elle parvint à s'en arracher, elle se sentit pareille à une terre asséchée qui a reçu l'ondée, au bambou qui verdoie au printemps, détendue et comblée, comme jamais elle ne l'avait été.

Deux lunes plus tard, alors que les effets bienfaisants du Yang[5] partout se faisaient sentir, force lui fut de constater qu'elle était bel et bien enceinte. De quelle façon, à son âge et sans mari, justifier pareil état ? Et comment dans semblable situation être encore *égale des sourcils et du visage* à quiconque dans le village ?

La honte jointe à la crainte d'être l'objet de calomnies injustes la forcèrent à chercher refuge dans la jungle où au terme de douze mois, elle mit au monde, exactement le septième jour de la nouvelle année, un robuste garçon qui, chose curieuse, restait couché sans bouger et sans émettre le moindre son.

Mais bientôt taraudée par la nostalgie de son village natal, de son humble maison perchée, elle finit par céder à la tentation de retourner chez elle en compagnie de ce fils tombé du ciel qui ne bougeait ni ne criait. Pour le reste, tout était affaire de destin.

Interrogée par les notables choqués de cette maternité aussi tardive qu'inexpliquée, elle ne put que leur raconter l'histoire de l'empreinte géante rencontrée sur le chemin qu'elle s'était amusée à mesurer à l'échelle de son propre pied. Compte tenu de sa réputation, de son respect des rites, ceux-ci admirent qu'en l'occurrence sa conduite était irréprochable et la renvoyèrent chez elle, car à n'en pas douter, toute cette aventure avait quelque origine surnaturelle.

Et l'enfant qui n'avait pas de père fut appelé Giong, c'est-à-dire celui qui va son chemin.

Et trois années passèrent.

A l'âge où les autres enfants marchent, courent et gambadent, parlent, crient et rient aux éclats, Giong, gros enfant rond et béat, restait allongé dans le hamac, ne sachant ni se tenir debout, ni encore moins parler. Rien ne semblait l'intéresser. Sa mère le voyant ainsi au long des jours et des nuits en était très affligée. Mais, se disait-elle pour se consoler, un tel enfant conçu de si étrange façon ne pouvait qu'être muet. Le Ciel parlait-il ?

C'est alors que, selon la prédiction du Seigneur Dragon Lac, la menace de guerre se précisa aux frontières : l'armée des envahisseurs Han s'apprêtait à déferler.

Suivant son conseil, le Roi Hùng fit donc rechercher aux quatre coins de son royaume les hommes de talent.

De village en village, les hérauts déployèrent les bannières et au son des tambours proclamèrent la volonté royale de trouver le guerrier valeureux qui l'aiderait à chasser l'envahisseur. Ainsi arrivèrent-ils au village de Phù Dông.

Entendant le son des tambours, l'enfant Giong au fond de son hamac tressaillit.

Sa mère lui dit pour rire :

— J'ai un fils qui ne sait que manger, non combattre l'ennemi. Comment pourrait-il recevoir la récompense du Roi et s'acquitter ainsi de sa dette envers sa mère qui l'a nourri de son lait ?

Mais voilà que l'enfant Giong qui ne bougeait, ne marchait ni ne parlait, dit soudain à haute et intelligible voix :

— Mère, les guerriers Han arrivent. Allez chercher l'Envoyé du Roi.

La vieille femme sursauta. Son enfant parlait enfin ! A sa joie se mêlait l'effroi : qu'est-ce qu'un petit enfant qui venait tout juste de prononcer ses premières paroles avait à se soucier de la guerre ? Aller chercher l'Envoyé du Roi, une plaisanterie qui pourrait bien leur coûter la vie !

Se sentant aussi démunie qu'un crabe sans pattes, elle confia ses hésitations à un voisin qui, à tire-d'aile, courut avertir l'Envoyé du Roi.

Contre toute attente, celui-ci vint et dit à l'enfant :

— Tu n'es qu'un bébé parlant à peine, pourquoi donc me fais-tu venir ?

L'enfant Giong qui ne bougeait ni ne marchait, se redressa et se leva soudain.

— Envoyé royal, dit-il campé sur ses courtes jambes, rentrez vite à la cour afin de demander à Sa Majesté le Roi de me forger un cheval de fer de dix-huit *thuoc* de haut, une épée de fer longue de sept *thuoc* et un *non*[6] de fer. Apportez-les-moi dans les meilleurs délais. Que le Roi ne s'inquiète plus désormais. J'irai écraser l'ennemi.

De ses propos émanait une souveraine autorité. Mot pour mot, l'Envoyé royal enthousiasmé s'en fut les transmettre au Roi.

— Je n'ai plus rien à craindre, fit alors Hùng Vuong VI rasséréné.

Ses dignitaires osèrent alors ce commentaire :

— Comment un seul homme pourrait-il vaincre toute une armée ?

— Nul ne saurait mettre en doute les prédictions de Lac Long Quân, proclama le Roi courroucé et il donna l'ordre de forger immédiatement le cheval de fer, l'épée et le non car le temps pressait.

Quant à la mère de Giong, depuis que l'Envoyé du Roi s'en était retourné à la Capitale avec les instructions de son fils, elle sentait la glace lui envahir les os comme si quelque calamité épouvantable allait s'abattre sur elle et toute sa parenté.

— Mère, lui dit l'enfant en riant, donnez-moi beaucoup de riz, beaucoup d'alcool. Relâchez votre cœur de tout souci.

D'un seul coup de dent, d'une seule bouchée, il engloutit ensuite les mets qu'elle venait de lui apporter, en réclama d'autres, et d'autres encore.

Et il grandissait et grossissait à proportion de ce qu'il dévorait. Jamais il n'était rassasié. On eût dit que plus il mangeait, plus il avait faim.

La pauvre mère n'y suffisant pas, bientôt les voisins vinrent à la rescousse, puis tous les villageois de Phù Dông, et quand il ne resta plus dans le village un seul grain de riz, une seule volaille, prirent la relève les paysans des villages voisins, et quand à leur tour ils manquèrent, qui de la viande de buffle, qui de la viande de porc, qui de poulets, de riz, de fruits, apportèrent leur contribution les gens de villages toujours plus lointains. De sorte qu'en moins de trois décades, chacun à travers le royaume s'employant jusqu'au dénuement le plus total à satisfaire son appétit insatiable, l'enfant Giong ne tarda pas à être nourri par le pays tout entier.

Et l'enfant grandissait toujours et toujours réclamait davantage à mesure que la terre du Van Lang et les hommes s'épuisaient à satisfaire sa phénoménale fringale.

Pour couvrir ses jambes pareilles aux fûts des plus grands arbres, ses flancs de buffle, son poitrail de rhinocéros, ses épaules de tigre, l'étoffe manquait. A peine enfilés les vêtements craquaient aux coutures, pour le couvrir complètement il fallut aller cueillir des fleurs de roseaux des bords des chemins.

Giong mesurait déjà une vingtaine de *thuoc* quand arriva enfin au village de Phù Dông en cortège depuis la Capitale l'équipement commandé par l'enfant, poussé, tiré, traîné par toute une foule de convoyeurs harassés.

En tête venait le char imposant qui transportait le chapeau conique, l'épée et la cuirasse, le tout en fer massif; suivait, monté sur des roues, le cheval de fer dix fois plus gros qu'un éléphant traîné par des hommes qui, d'épuisement, en soufflaient par les oreilles.

D'un bond, Giong se leva, se coiffa du *non*, s'arma de l'épée et sauta sur le dos du cheval de fer qui hennit à remuer le ciel et la terre en crachant du feu par les naseaux.

— Je suis le Chevalier céleste ! hurla-t-il en lançant sa monture à travers les airs sus aux envahisseurs Han déployés en formation de combat au pied du mont Trâu Son.

Lorsque l'armée du Roi Hùng vit ce chevalier géant sur son cheval de fer arrivé tel un cyclone pour prendre son commandement, elle en fut comme qui dirait galvanisée et se rassembla sous sa bannière, avec ses chefs qui jusqu'alors n'osaient plus commander, ses soldats qui jusqu'ici avaient peur de combattre.

Comment savoir ce qui alors se passa? Lisez la suite qui vous l'apprendra.

Alors, face à la colossale armée chinoise, derrière le Chevalier céleste qui faisait tournoyer son épée, l'armée du Roi Hùng, pareille à une mer d'hommes mue par une seule volonté, déferla au cri de « Tuons les fils de Han ! ».

Sous le choc irrésistible du cheval de fer et de son cavalier, les avant-postes ennemis furent enfoncés et, par cette brèche, tous s'engouffrèrent.

Débordés, les Han innombrables tentèrent de se regrouper pour résister. Mais que valaient leur stratégie, leur armée du Centre, leurs ailes de la cavalerie de l'Est et de l'Ouest, leurs fanions de signalisation, leurs bannières de reconnaissance et leurs étendards face à cet océan meurtrier de vrais démons vomis des Dix Enfers conduits par ce géant coupeur de têtes et son cheval cracheur de feu et semeur d'incendies ?

Imaginez plutôt l'énorme armée Han en train de s'effondrer, de se démantibuler par pans entiers, sous les sanglants assauts de cette armée du Van Lang hérissée de fer, tranchant, pourfendant et trucidant au cœur de la mêlée et hurlant sous un ciel noir de flèches son sinistre cri de guerre « Tuons les fils de Han ! » tandis que son terrifique cavalier, vaste machine de mort, anéantissait princes, généraux et divisions.

Or donc, le Roi des Han ayant été tué dans la bataille, ce fut au sein du camp ennemi un hallucinant sauve-qui-peut, une débandade épouvantable dans l'anarchie la plus complète. Soldats dispersés telles des barques sans gouvernail, des plumes au vent, des feuilles en automne. Certains fuyaient comme s'ils avaient des ailes, d'autres, jetant leurs armes, tombant à genoux, juraient au Chevalier céleste de ne plus jamais porter la guerre au Van Lang.

Sur sa trajectoire de fer et de feu, le géant Giong poursuivit le combat jusqu'au mont Soc, district de Kim Han. Là, il se défit de son casque, de son armure et d'un seul élan de sa monture s'éleva vers le ciel où il disparut. C'était, dit-on, le neuvième jour du quatrième mois.

Le sommet de la montagne conserve encore l'empreinte du sabot de son cheval ; un village incendié par le feu de l'animal porte toujours le nom de Làng Chay, le Village brûlé.

Depuis lors, des générations sans fin rendent grâces chaque année au Chevalier céleste de Phù Dông qui aida le Roi Hùng à pacifier le pays et à rétablir la paix entre les quatre mers.

Depuis lors, des générations sans fin brûlent chaque année pour le culte de ce héros légendaire le feu et l'encens.

NOTES

1. Environ au Ve siècle avant notre ère.

2. Lac Long Quân, descendant du mythique empereur chinois Shen Nong (en vietnamien, Thân Nông), Ancêtre de l'Agriculture, il épousa Au Co. Celle-ci lui donna cent œufs qui donnèrent naissance à cent fils puis ils se séparèrent emmenant chacun la moitié des enfants, elle vers les montagnes, lui vers la mer Orientale. Le fils aîné d'Au Co régna sur le royaume du Van Lang sous le nom de Hùng Vuong I. La dynastie compte dix-huit souverains. Ce mythe fondateur du Viêt-nam est aussi évoqué au début du conte « Le Génie de la Montagne et le Génie des Eaux ».

3. 0,40 mètre environ.

4. Vieille femme.

5. Principe mâle positif engendré par le Grand Absolu.

6. Chapeau conique.

## LE SEIGNEUR NOIX-DE-COCO

*Il n'a ni mains ni pieds*
*Comment coupe-t-il les perches ?*
*Comment coupe-t-il les lianes ?*
*Comment a-t-il ce don surnaturel ?*

Ceci est l'histoire de Noix-de-Coco.

Autrefois, il y avait une femme et son mari qui n'avaient pas de descendance. C'était pour eux un malheur mais aussi un déshonneur, car si l'on en croit le dicton :

*L'arbre sec n'a pas de feuilles tendres*
*L'homme méchant n'a pas d'enfant.*

Un jour que tous deux étaient allés couper du bois dans la forêt, ils eurent soudain grand-soif. La femme s'en fut chercher de l'eau. Elle désespérait de trouver la moindre flaque, mare ou le moindre ruisseau lorsqu'elle aperçut tout à coup une source qui jaillissait d'entre les roches et remplissait une vasque.

Jamais elle n'avait bu meilleure eau! Jamais elle ne s'était baignée dans eau plus fraîche! Jamais elle n'avait éprouvé plus merveilleuse sensation de bien-être! Epanouie comme au temps de sa jeunesse, elle revint chercher son époux afin qu'à son tour il se désaltère.

O surprise, l'eau qui tout à l'heure débordait, brusquement s'était tarie. A peine restait-il quelques traces d'humidité sur les rochers.

— Comment se fait-il que maintenant l'eau soit toute séchée? fit-elle abasourdie.

Il ne leur restait plus qu'à rentrer chez eux.

Au bout d'une lune, la femme qui depuis ce jour souffrait le matin de nausées et dans la journée de malaises, se dit qu'elle était peut-être enceinte; au bout de deux lunes, elle en fut certaine. Et le couple de se réjouir d'un événement qu'en ce monde de poussière ils n'espéraient plus.

Mais hélas, à force d'inonder de sa sueur les rizières et les terres en friche, l'homme mourut avant la naissance de ce descendant tant attendu. Quand, un peu plus tard, sa veuve mit au monde l'enfant qui devait assurer le culte des ancêtres et être son bâton de vieillesse, elle se réjouit dans son malheur de ce que la mort eût épargné à son époux cette nouvelle épreuve.

Car au lieu du nouveau-né tant souhaité, elle accoucha d'une boule de chair ayant des yeux, un nez, une bouche et des oreilles et rien de plus. Un garçon sans corps, ni bras, ni jambes, rond comme une noix de coco en somme.

Jugez de son chagrin.

Néanmoins on a raison de dire :

*L'enfant du Roi est beau et le Roi le chérit*
*Mon enfant est laid mais je l'aime.*

La pauvre femme le prit contre elle pour lui donner le sein et l'appela : « Noix-de-Coco ».

A sept mois, il parlait.

A un an, il se déplaçait avec assurance en roulant.

A trois ans, il savait garder les buffles.

C'est ainsi qu'il demanda à sa mère de le louer au Roi pour surveiller son troupeau.

Sa mère le regarda les larmes aux yeux :

— Tu n'as ni bras ni mains, réponditelle, tu ne peux que rouler de-ci de-là, tu gardes nos trois buffles et tu t'imagines pouvoir prendre en charge l'immense troupeau du Roi ! Comment feras-tu donc pour les rassembler tous et ne pas en égarer ?

Constamment Noix-de-Coco revenait à la charge. Tant et si bien que sa mère consentit à porter sa requête au Roi. Ensemble, ils s'en furent au Palais. Les gardes royaux de Gauche et de Droite allèrent avertir le Roi qui, daignant les recevoir, demanda à la mère pourquoi elle lui amenait son fils.

— Poussière de la plante des pieds de Votre Majesté, mon fils Noix-de-Coco souhaite que vous l'engagiez pour garder vos buffles.

— Mes trois mille buffles, répondit le Roi, sont veillés par trente serviteurs qui ne peuvent éviter d'en perdre. Comment Noix-de-Coco les garderait-il avec succès ?

Interrogé, Noix-de-Coco répondit qu'il le pouvait.

— Puisqu'il en est ainsi, soit. J'accorde à votre fils de garder mes buffles, déclara le Roi.

Le lendemain, les serviteurs déposèrent Noix-de-Coco sur le dos d'un buffle puis ils chassèrent le troupeau dans la brousse pour que celui-ci aille le garder et rentrèrent au Palais assurés que lui aussi, comme eux, en perdrait.

A l'heure Ngo, une servante vint apporter à Noix-de-Coco son repas. Comme elle ne le voyait pas, elle l'appela.

— Me voici, fit-il en roulant prestement vers elle qui déposa le riz et s'en retourna au Palais.

Au crépuscule, sans qu'il en ait perdu un seul, Noix-de-Coco ramena les buffles au Roi. « Comment, s'interrogea Sa Majesté, ce Noix-de-Coco sans pieds ni mains y est-il arrivé ? »

Le Roi exprima alors le désir que, tout en gardant le troupeau le lendemain, il coupât des lianes afin de consolider les murs d'enceinte du Palais.

Et le lendemain les serviteurs juchèrent Noix-de-Coco sur le dos d'un buffle, mirent à côté de lui une serpe puis ils chassèrent le troupeau dans la brousse.

Ce jour-là, à l'heure Ngo, vint porter son repas à Noix-de-Coco la dernière-née du Roi, la plus ravissante et aussi la plus curieuse, qui s'était adroitement substituée à sa servante. « Par quel artifice, se demandait-elle, sans pieds ni mains, le gardien de buffles peut-il couper des lianes ? » Ecarquillant des yeux de libellule[1], elle se cacha donc pour l'épier.

Et ce qu'elle vit alors, même en songe elle n'aurait pu l'imaginer : Noix-de-Coco avait créé des serviteurs innombrables de tout âge, dont une partie allait couper les lianes et l'autre gardait le troupeau. Il y avait là aussi des chiens qui aboyaient, des poules qui chantaient, des porcs qui grognaient.

La Princesse savait maintenant que Noix-de-Coco possédait un pouvoir magique mais elle enferma ce secret au plus profond de son cœur, bien décidée comme on dit *à garder close la bouche du vase*.

— Noix-de-Coco ! Noix-de-Coco ! appela-t-elle en faisant semblant de le chercher. Voici ton riz !

Elle n'avait pas plus tôt parlé que les gens de Noix-de-Coco rentraient sous terre pendant que celui-ci roulait vers elle.

Le soir venu, les lianes enroulées autour des cornes des buffles dont pas un ne manquait, Noix-de-Coco ramena le troupeau au Roi qui le complimenta. Quand les lianes eurent été déroulées, il se trouva qu'on en remplissait cent charrettes.

Le jour suivant, comme à l'ordinaire Noix-de-Coco alla garder ses buffles et la Princesse s'arrangea pour lui porter encore son repas.

De nouveau, elle se cacha pour l'épier et elle vit des hommes et des femmes par milliers et aussi tous les animaux des bois, des cerfs, des éléphants blancs, des tigres, des bœufs sauvages, des ours et toutes espèces d'oiseaux qui venaient rendre hommage à Noix-de-Coco. C'était le plus singulier et le plus beau de tous les spectacles.

De l'arbre où elle était grimpée pour voir sans être vue, la Princesse cherchait à apercevoir Noix-de-Coco occupé à garder les buffles. Agrippée aux branches, elle se tordait le cou à force de regarder quand soudain elle le vit :

Voici qu'il sortait de son enveloppe de noix de coco et sa beauté était incomparable tant par la grâce virile de son visage que par la majesté de son corps harmonieux. Alentour, bêtes et gens mêlés, tous lui rendaient hommage.

Car pour tout dire *il était plus resplendissant que la lune de la nuit qui suit la pleine lune !*

Quand la Princesse le surprit ainsi, son cœur fut bouleversé, et elle en devint d'autant plus amoureuse qu'elle partageait désormais son secret. Pas un instant, elle ne s'avisa de penser que c'était par ruse de femme qu'elle se l'était approprié.

Descendant de son arbre, elle fit encore semblant de le chercher :

— Frère Aîné Noix-de-Coco, où êtes-vous ? cria-t-elle. Voici votre riz !

En grande hâte, Noix-de-Coco rentra dans son enveloppe et roula vers elle.

— Princesse, ne m'appelez pas Frère Aîné, dit-il, veuillez m'appeler « garçon » comme auparavant.

— Oh, fit-elle, et ses joues semblaient avoir pris le feu de la grenade, en vous voyant ainsi garder seul les buffles de mon père et couper de surcroît une grande quantité de lianes, j'ai été touchée de compassion comme si vous étiez mon propre frère. Voilà pourquoi, ajouta-t-elle en baissant les yeux.

Comme le soleil commençait à décliner dans les arbres et qu'il était temps pour Noix-de-Coco de rassembler le troupeau, la Princesse s'en retourna au Palais.

Le lendemain de grand matin, le Roi fit venir Noix-de-Coco.

— N'arrache pas davantage de lianes, lui dit-il, mais si d'aventure, en gardant mes buffles, tu vois des perches, fais-en une coupe ou deux que j'enverrai chercher.

Dans son cœur, le Roi savait que Noix-de-Coco avait un pouvoir surnaturel.

Lorsque la fille troisième du Roi s'en fut ce jour-là dans la brousse, elle ne portait pas seulement à Noix-de-Coco son repas mais, enveloppées dans un mouchoir, des noix d'arec et des feuilles de bétel[2].

Comme elle approchait, elle entendit le bruit de milliers de serpes en train de couper des perches et aussi des milliers de rires et de plaisanteries fuser à travers la brousse. Mais à son arrivée, tous les bruits s'évanouirent : elle ne vit que Noix-de-Coco qui gardait les buffles près d'un énorme tas de perches, et elle lui tendit le mouchoir.

Après qu'il l'eut ouvert avec ses dents, Noix-de-Coco demanda qui avait préparé ainsi l'arec et le bétel.

La Princesse répondit en rougissant que c'était elle de ses propres mains afin qu'il ne l'oublie pas si par hasard il songeait un jour à épouser quelqu'un.

— Mais, n'en dites rien à personne ! Ne dites pas que j'ai préparé ces feuilles et ces noix pour vous, le pria-t-elle.

— Ma reconnaissance pour vous sera éternelle, dit Noix-de-Coco. Ne l'oubliez pas.

— Quand donc avez-vous coupé toutes ces perches ? demanda-t-elle pour changer de sujet. Faites-moi voir comment vous faites.

En entendant Noix-de-Coco prétendre qu'il était trop fatigué à présent pour avoir la force d'en couper, elle eut un petit rire entendu et revint au Palais.

Le soir, Noix-de-Coco ramena tous les buffles au Roi et annonça qu'il ne restait plus qu'à envoyer les charrettes chercher les perches. Il en fallut plus d'une centaine.

Après le Roi, tout le pays, grands et petits, qui avait eu vent de l'histoire des lianes et des perches, en vint à se demander :

— Comment, sans pieds ni mains, coupe-t-il les lianes ?

— Comment, sans pieds ni mains, coupe-t-il les perches ?

— Comment a-t-il ce don surnaturel ?

Noix-de-Coco garda ainsi les buffles du Roi durant deux décades avant de retourner chez lui convaincre sa mère d'aller demander en mariage la fille du Roi.

La pauvre femme sursauta.

— Mon pauvre enfant, tu n'as ni pieds ni mains. En fait de beauté, tu es fort laid. Je ne saurais aller demander pour toi la fille du Roi.

— Mère, allez-y, je vous en conjure, et soyez certaine que rien n'arrivera, insista Noix-de-Coco maintes et maintes fois.

Elle aimait son fils qui le lui rendait bien. Finalement, elle céda.

Les officiers royaux de Gauche et de Droite l'introduisirent devant le Roi. Cinq fois elle se prosterna. Après quoi, en tremblant et les yeux obstinément baissés comme il se doit, elle bredouilla :

— Poussière de la plante des pieds de Votre Majesté, mon fils Noix-de-Coco m'a dit de venir vous demander votre fille. Je ne pouvais y consentir mais son insistance a eu raison de ma résistance. Et aujourd'hui, votre humble servante ose venir vous en parler, Seigneur.

Le Roi demeura perplexe un moment, le temps de tirer deux ou trois bouffées de sa pipe à eau de nacre et d'argent avant de répondre :

— La chose est ainsi : j'aime beaucoup Noix-de-Coco qui est un serviteur au-dessus de tout éloge. Mais de mes trois filles, je ne sais laquelle l'aimera.

Alors il fit appeler l'aînée, la cadette et la benjamine.

— De vous trois, qui aime Noix-de-Coco ?

L'aînée et la cadette, filles de peu de beauté et d'exécrable caractère, se rengorgèrent avec des petits rires froids :

— Père Vénéré, nous ne voulons à aucun prix d'une noix de coco pour mari. Sans mains ni pieds, à quoi nous servirait-il de l'épouser ?

Le Roi se tourna vers sa troisième fille :

— Et toi, épouseras-tu Noix-de-Coco ?

— Pour ce qui est de mes sentiments, fit la Princesse en s'enflammant, je l'aime. Si vous l'ordonnez, j'épouserai Noix-de-Coco.

Derrière elle, ses sœurs aînées moqueuses de se mettre à pouffer.

— Puisque ma dernière-née consent à épouser Noix-de-Coco votre fils, déclara le Roi, demandons à l'astrologue de fixer un jour favorable et une heure propice. Quant à vous, rentrez chez vous annoncer la nouvelle à vos ancêtres.

Aussitôt, des hérauts furent envoyés à travers tout le pays annoncer la nouvelle du mariage de la plus jeune des Princesses avec Noix-de-Coco cependant que les serviteurs royaux préparaient une grande fête qui devait durer cent jours et cent nuits.

Au bout de trois jours et trois nuits, le Roi appela sa fille troisième auprès de lui :

— En ces trois jours et ces trois nuits, que t'a dit Noix-de-Coco ? Comment s'est-il comporté avec toi ? Va, mon enfant, dire tout cela à ta mère. Mais garde-toi de parler fort !

La Princesse alla donc confier à sa mère que Noix-de-Coco parlait et agissait avec elle comme tout homme le ferait.

— Comment peut-il faire comme tous les hommes ? s'étonna la Reine.

— Quand le Seigneur Noix-de-Coco sort de son enveloppe, révéla alors la Princesse, il est plus blanc que moi. Il porte une bague à chaton d'or et il est d'une beauté suprême.

Bien que la Princesse eût parlé bas, ses sœurs aînées, toujours aux aguets, avaient entendu ses propos et surpris son secret.

Pendant la nuit, elles allèrent en cachette épier le jeune couple, virent Noix-de-Coco sortir de son enveloppe, restèrent confondues devant sa très grande beauté et sentirent leurs esprits vitaux s'évaporer tout à la fois d'amour, de jalousie et de regret. Comment trouver quelque moyen de l'épouser ?

Peu après les festivités des noces, la Princesse encouragea vivement son époux à sortir de son enveloppe :

— Cher Seigneur, lui disait-elle, les invités s'en sont tous allés, il n'y a plus personne. Ne restez pas davantage dans cette noix de coco. Sortez et allons voir les buffles et les animaux de la forêt vos amis, à moins que vous ne souhaitiez vous promener en bateau sur le lac ?

Mais si tendre et persuasive que fût sa voix, Noix-de-Coco ne l'écoutait pas. Il ne quittait sa coque qu'au milieu de la nuit, à l'heure du Rat, pour aller rejoindre la Princesse et à l'heure du Tigre[3], il y rentrait. De tout le jour son épouse ne le voyait pas et se morfondait.

Si bien que de guerre lasse, une nuit, la Princesse prit la noix de coco et la cacha.

— Princesse, n'avez-vous pas caché ma noix de coco ? demanda son époux à l'heure du Tigre quand il voulut y rentrer.

— Non, Cher Seigneur, répondit-elle pendant que son époux tout grelottant devait s'enrouler dans une natte.

Accoutumé qu'il était à sa noix, le jeune homme avait soudain très froid. Claquant des dents et frissonnant, il resta emmitouflé dans des étoffes de laine plusieurs jours durant avant de finir par se réchauffer. Alors, la Princesse lui avoua la vérité :

— Mon Cher Seigneur, quand vous étiez dans cette enveloppe, mes sœurs se moquaient de vous. C'est pourquoi j'ai pris cette enveloppe et je l'ai enterrée. Ainsi elles ne pourront plus prétendre que vous n'êtes qu'une noix de coco et rire à vos dépens. N'ai-je pas eu raison ?

Le Seigneur Noix-de-Coco de rire alors et de l'enlacer tendrement.

Est-il besoin de préciser que les deux sœurs aînées en question n'en étaient plus à se moquer ? Malades d'amour, elles passaient leurs nuits à soupirer après ce beau-frère d'une surnaturelle beauté et leurs jours à multiplier les occasions de le rencontrer. Faisant fi de toute considération de figure, elles d'ordinaire revêches, tantôt se répandaient en sourires, œillades et minauderies, tantôt adoptaient une démarche et des attitudes si lascives que tous restaient confondus devant tant d'obscénité et de frénésie. Férocement elles enviaient en cachette le grand bonheur échu à leur cadette.

Lorsque Noix-de-Coco sortit enfin du Palais pour aller rendre visite à sa famille, les gens des villages se réjouirent de l'heureuse fortune qu'avait eue la Princesse de l'épouser car, en le voyant si beau, les uns et les autres ne savaient à quoi le comparer.

En cet homme superbe, sa mère elle-même eut bien du mal à le reconnaître tout comme ses aïeux, qui, très émus, ne savaient plus que dire ni que faire. Cela tenait à la simple et primordiale raison que Noix-de-Coco lorsqu'il habitait chez eux n'était jamais sorti de son enveloppe, qu'ils l'avaient toujours connu non sous la forme d'un homme mais d'une noix de coco. Puis il avait gardé les buffles du Roi et il était alors sorti de sa noix pour devenir le plus beau des hommes, épouser la Princesse dernière-née et acquérir ce pouvoir surnaturel. Sa famille ressentait tout à la fois amour et crainte envers ce fils que leur avait donné le Ciel et ne le reconnaissait pas.

Ensuite la Princesse et son mari s'en retournèrent au Palais. Des jours et des nuits de pure félicité passèrent, navettes rapides sur le métier. Plus proches que les dents et les lèvres, que la tempe et l'oreille, leur union était telle que nul n'aurait su la décrire.

C'était vraiment le cas de dire :

*L'abricotier a uni ses branches au bambou*
*Le luth a harmonisé ses accords avec ceux de la lyre.*

Or, vers l'époque où le vent éparpille les fleurs rouges des kapokiers, le Seigneur Noix-de-Coco, ayant fait armer un navire, embarqua donc pour aller commercer avec son épouse et ses deux belles-sœurs qui ne voulaient point les quitter.

Le temps était clément. Le navire courait au large. Noix-de-Coco se tenait à la proue.

Sur le pont, assises toutes ensemble sur une natte, les trois sœurs bavardaient et riaient gaiement. A un moment, avisant au doigt de la dernière-née la bague à chaton d'or du Seigneur Noix-de-Coco, les aînées la prièrent de bien vouloir l'ôter pour mieux l'admirer. La bague de passer des mains de l'une dans celles de l'autre, d'apparaître et de disparaître. L'une de courir après pour la lui arracher, l'autre de la rattraper pour la lui reprendre, les deux aînées feignirent si bien la lutte qu'elles laissèrent, comme par inadvertance, la bague s'échapper de leurs doigts et tomber dans la mer.

Toutes deux de se lamenter.

— C'en est fait de nous ! Ta bague est tombée dans la mer, ô dernière-née ! Elle nous a échappé ! Elle est tombée !

La Princesse ne les écoutait pas. Penchée par-dessus bord, elle repéra la bague à chaton d'or qui s'enfonçait dans la mer... Avant qu'elle ne disparaisse, elle s'était jetée dans les flots qui, tout aussitôt, la recouvrirent.

Ses sœurs aînées ne donnèrent point l'alerte.

Quand, un peu plus tard, Noix-de-Coco voulut rejoindre son épouse, il ne trouva sur le pont que sa longue écharpe de soie et son service de bétel abandonnés. Où donc était-elle? Que s'était-il donc passé?

En pleurs, ses belles-sœurs lui racontèrent alors que son épouse ayant laissé tomber la bague à chaton d'or dans la mer, s'y était précipitée pour la rattraper de crainte, sans doute, d'être grondée.

Elles se gardèrent bien d'avouer la vérité.

Atterré, Noix-de-Coco ordonna aux marins de virer de bord et de rentrer au port avant de s'abandonner au plus noir désespoir, se frappant la tête à se fendre le crâne et pleurant des larmes de sang.

On a raison de dire :

*Les cœurs liés par l'amour*
*Tôt ou tard seront séparés.*

Prévenus de la terrible nouvelle, le Roi et la Reine mêlèrent leurs larmes aux siennes.

Dès lors, Noix-de-Coco s'enfonça dans le chagrin, évoquant les souvenirs de jadis et souffrant dans ses entrailles de neuf façons différentes, *pareil à un corbeau esseulé sous la pâle clarté de la lune*.

Tous les jours, ses belles-sœurs qui ne souriaient et ne minaudaient que pour lui, apportaient le plateau de riz auquel il ne touchait pas. Toutes les nuits, elles lui préparaient le bétel, la pipe à eau, restaient couchées en sa compagnie et s'efforçaient de le distraire. Mais en dépit de toutes leurs prévenances, minauderies et agaceries, elles ne pouvaient faire qu'il ne pleurât des larmes grosses comme des pois et qu'il ne regrettât la Princesse...

Or celle-ci, en tombant dans les flots, n'avait eu qu'une idée au péril de sa vie : ne point permettre que la bague à chaton d'or de son Seigneur Noix-de-Coco, symbole de son pouvoir et de leur union, puisse se perdre dans le royaume souterrain des eaux. Et fort heureusement la Princesse avait pu s'en saisir avant qu'elle ne disparaisse et la glisser à son doigt.

Alors qu'elle coulait à pic dans le glauque univers des monstres marins, la bague magique l'avait transformée en petit enfant et déposée dans une coquille nacrière...

Durant quatre saisons, cette coquille avait roulé dans la mer au gré des courants avant d'échouer un jour sur un rivage inconnu où des gens ramassaient des coquillages.

Se sachant enfin sur la terre ferme, la Princesse avait entrebâillé la coquille pour sortir. Dehors, une mer grise comme une lame de sabre léchait à l'infini une plage battue par les vents. Elle ignorait où elle se trouvait, comment rejoindre son pays et Noix-de-Coco, son Cher Seigneur. Que faire sinon s'enfermer dans la coquille et s'abandonner au chagrin?

La Princesse regrettant Noix-de-Coco, ses parents et son pays avait inondé de ses larmes la coquille nacrière et ses pleurs étaient ceux d'un petit enfant.

C'est ainsi qu'un homme et une femme qui ramassaient des coquillages sur la plage les entendirent. Ils emportèrent cette coquille aussi grande qu'un van chez eux, la déposèrent dans leur jardin puis s'en furent vaquer à leurs occupations de pauvres gens, loin de la maison.

A leur retour, les attendaient un plateau de riz et de mets odorants, un assortiment de gâteaux et un service de bétel, le tout disposé de la plus plaisante façon. Bien qu'ils eussent grand-faim, dans la crainte de quelque maléfice, ils n'osèrent tout d'abord manger. L'homme s'étant décidé, sa femme l'imita.

Tous les jours qui suivirent, il en fut ainsi. Pendant qu'ils étaient dehors, la Princesse sortait de sa coquille et faisait apparaître du riz.

Alors ils se cachèrent afin de surprendre ce bienfaisant génie qui apportait le riz, les mets, les gâteaux, préparait le bétel, faisait chauffer l'eau, mettait le thé dans la bouilloire. Ils la virent, la poursuivirent, lui prirent la main tout joyeux :

— Est-ce vous ?

Attendris, ils contemplaient cette belle femme qui acquiesçait en pleurant, portait une bague au chaton d'or étincelant et des grains d'or plein les poignets et le cou. Ils se disaient : « C'est un don que nous fait le Ciel. »

Cependant la Princesse pleurait interminablement. Ils demandèrent :

— Pourquoi pleures-tu ?

— Parce que j'ai beaucoup de regrets, dit-elle.

— Qui regrettes-tu ?

— Je regrette les jours heureux, dit-elle encore.

Dans le but de la distraire, l'homme et la femme organisèrent une assemblée pour décortiquer le paddy. Tous les jours venaient des filles et des garçons qui causaient joyeusement. Mais tous les jours aussi la Princesse pleurait.

— Dans ce pays, y a-t-il un Roi ? demanda-t-elle un jour.

— Il y en a un, répondirent l'homme et la femme.

— Ce Roi a-t-il des enfants ?

— Ce Roi avait trois filles, il lui en reste deux car la dernière-née qui avait épousé le Seigneur Noix-de-Coco s'est noyée voici un an.

La Princesse demanda alors d'une voix à peine audible :

— Le Seigneur Noix-de-Coco est-il demeuré avec le Roi ou s'est-il remarié ?

— Le Seigneur Noix-de-Coco depuis un an entier ne fait que pleurer le jour et pleurer la nuit, dirent l'homme et la femme. Mais pourquoi donc au seul nom de Noix-de-Coco, sanglotes-tu si fort, ma fille ?

— Parce que vous avez parlé d'un mari qui pleurait sa femme, dit-elle.

L'homme et la femme ne savaient pas que leur fille était l'épouse du Seigneur Noix-de-Coco. Tout contents, ils pensaient : « C'est une fille que nous a donnée le Ciel. » Ils ne savaient pas que c'était la Princesse dernière-née du Roi.

A quelque temps de là, la Princesse commanda à la femme d'aller acheter de la soie pour confectionner des tuniques qu'elle broda. Ensuite, elle lui glissa au doigt la bague à chaton d'or du Seigneur Noix-de-Coco en lui recommandant de ne pas aller vendre les tuniques n'importe où mais dans le Palais du Roi.

Les gardes royaux de Gauche et de Droite, sitôt que la marchande de tuniques se présenta, allèrent prévenir le Roi qui ordonna : « Qu'elle entre ! »

Dès que Sa Majesté eut examiné les tuniques ornées de motifs floraux si familiers, il sentit une étrange émotion lui embrouiller les entrailles. Aussitôt, il fit appeler la Reine, ses filles aînées et le Seigneur Noix-de-Coco. Après les avoir examinées avec minutie, tous se déclarèrent du même avis : à n'en pas douter, c'étaient bien les motifs qu'avait coutume de broder la Princesse dernière-née. « Comment est-ce possible ? » songeait le Seigneur Noix-de-Coco submergé par une nouvelle vague de chagrin.

— Qui a brodé ces tuniques ? demanda le Roi.

— C'est ma fille, répondit la femme.

— Est-ce la fille de vos entrailles ?

— Non, Votre Majesté, ce n'est pas la fille de mes entrailles, c'est une que j'ai trouvée.

Et elle raconta comment sa fille sortie d'une coquille nacrière ramassée sur la plage demeurait depuis lors chez eux pour les servir.

La femme parla ainsi au Roi qui lui ordonna de laisser là sa marchandise et de revenir au plus tôt au Palais avec sa fille afin qu'il la vît.

Comme la femme s'en retournait, le Seigneur Noix-de-Coco, qui avait remarqué la bague à chaton d'or à son doigt, lui emboîta le pas jusque chez elle. Apercevant sa mère adoptive en compagnie du Seigneur son époux, la Princesse rentra précipitamment dans la maison.

— Ma fille, cria la femme à la Princesse, sors pour que le Seigneur te voie.

— Quel Seigneur veut me voir? Qu'il entre alors car je ne sortirai pas!

Mais le Seigneur Noix-de-Coco reconnaissant la voix de son épouse avait déjà traversé la cour extérieure, franchi le seuil *plus vif que cerf qui bondit, singe qui saute et faucon qui vole*. Déjà ils se faisaient face, s'enlaçaient et tombaient à genoux pleurant des larmes de joie, se contemplant et riant de bonheur.

Après l'euphorie des retrouvailles, ils se rendirent au Palais accompagnés de l'homme et de la femme qui, discrètement, étaient restés dehors.

Aussitôt le Roi, la Reine accoururent suivis de leurs deux aînées pour embrasser la Princesse retrouvée. De bonheur, le Roi et la Reine pleuraient abondamment, de peur, les aînées pleuraient aussi car elles craignaient leur sœur dernière-née.

Alors la Princesse raconta comment ses aînées avaient fait tomber la bague dans la mer, comment elle s'était précipitée dans les flots pour ne pas perdre la bague magique de son Seigneur ; elle conta également tous les maux qu'elle avait soufferts dans la coquille nacrière, durant quatre saisons plus longues que mille automnes avant d'être recueillie par un couple plein de bonté.

A l'écouter parler ainsi, toute l'assistance des parents, gardes, serviteurs et gens du pays venus féliciter le jeune couple d'être enfin réuni, pleurait d'émotion. Et certains dans l'assistance, songeant à la similitude de leurs destins, de Prince enfermé dans une noix de coco, de Princesse prisonnière de la coquille nacrière, s'émerveillaient de ce que l'amour eût permis de faire du premier, un homme et de l'autre, de nouveau une femme, en relation avec cette énergie bénéfique et souterraine dont la vertu est d'unir au lieu de séparer, d'harmoniser au lieu d'opposer...

Dans l'émotion du moment, qui s'avisa de remarquer que les sœurs aînées, pâles et défaites, à reculons, s'étaient éclipsées ?

Afin de récompenser les bons soins donnés à la Princesse dernière-née, le Roi donna au pauvre couple de ramasseurs de coquillages un lot de villages ; il leur donna les tuniques que sa fille avait brodées ; il leur donna cent chars de paddy; il leur donna un char de sapèques.

— Veuillez les accepter, leur dit-il, comme le modeste prix des services rendus à la Princesse.

Plus tard, le Roi offrit son trône au Seigneur Noix-de-Coco qui eut un très long règne et dont les enfants et les enfants des enfants devinrent Rois.

NOTES

1. Yeux à facettes, sous-entendu : qui peuvent tout voir.

2. Présent rituel, prélude au mariage.

3. Heure du Rat : de 2 heures à 1 heure du matin. Heure du Tigre : de 3 heures à 5 heures du matin.

# LE CARAMBOLIER

*Du bien naît le bien*
*Et du mal naît le mal.*

Les *nouvelles du vent*[1] rapportent qu'autrefois un homme riche en rizières et en jardins avait engendré deux fils dont les deux épouses leur ressemblaient par le caractère, trait pour trait.

Autant l'aîné avait un cœur de fourmi[2], autant son cadet était désintéressé. Autant la femme du premier était méchante et querelleuse, autant la femme du se-cond était douce et accommodante.

Leur père étant mort, les deux frères se partagèrent l'héritage. Influencé par son épouse et son goût immodéré de l'argent, l'aîné s'appropria tous les biens.

— En ma qualité d'aîné, dit-il, me revient la maison puisque je dois entretenir le culte du feu et de l'encens. Me reviennent également les rizières dont les revenus serviront à régler les dépenses d'anniversaires. Me reviennent aussi les buffles et les domestiques indispensables au travail des rizières.

A tout cela le cadet acquiesça de bonne grâce :

— Soit, Frère Aîné. Et que me reviendra-t-il ?

Tout en enviant à son cadet la chance de n'avoir aucune charge donc aucune dépense, l'aîné lui abandonna un petit enclos où étaient plantés une misérable paillote et un carambolier. Son cadet mesurait-il bien l'insigne faveur de pouvoir manger ces caramboles royales ?

— Mais, objecta le cadet, ma femme et moi ne pouvons nous nourrir uniquement de caramboles. Sans terres, comment avoir du riz ?

L'aîné eut un petit rire froid :

— Qui travaille mange. Toutes les bonnes choses ont une fin. Tu n'espérais tout de même pas, Petit Frère, vivre éternellement en parasite de nos parents ?

Sans émettre la moindre protestation, le cadet et son épouse quittèrent la spacieuse maison familiale, ses cours intérieures ornées de bassins de rocaille, ses greniers pleins de grains, ses jarres pleines d'eau fraîche, ses troupeaux et ses vertes rizières pour aller s'établir dans le petit enclos caillouteux qui leur était dévolu.

Difficile de trouver endroit plus aride, paillote plus délabrée ; n'avaient jamais pu pousser là que quelques buissons de roseaux desséchés et la terre semblait avoir été cuite et recuite dans les brasiers des Dix Enfers. Consternée, la jeune épouse dit à son mari :

— Comment allons-nous faire pour vivre ici ?

Il avait un caractère aussi doux qu'opiniâtre. Il travaillerait, dit-il, il irait louer ses bras pour les travaux des champs pendant qu'elle cultiverait quelques légumes et puis ils avaient le *cây-khê* sucré, le carambolier. N'était-ce pas miracle qu'il parvienne à pousser dans un sol aussi ingrat !

— Avec l'argent de ses fruits peut-être pourrons-nous acheter du riz, du sel et quelques pièces d'étoffe ? fit alors la jeune épouse un peu réconfortée.

Ils se mirent courageusement à l'ouvrage, elle là, lui ailleurs, l'un et l'autre prenant le plus grand soin de leur carambolier, détruisant les parasites et allant chercher de l'eau fort loin pour l'arroser.

Vint enfin l'époque où l'arbre bien touffu et feuillu fut couvert de fruits. Et le couple de guetter jour après jour le moment où ceux-ci parviendraient à maturité.

Du soir au lendemain, derrière chaque feuille apparut une grosse baie juteuse à souhait et ce, de branche en branche, de la cime jusqu'au sommet.

Emerveillés, l'homme et la femme contemplaient dans la lumière du petit matin les caramboles qui n'attendaient plus que d'être cueillies, déposées délicatement sur les plateaux de la palanche et emportées au marché.

Mais soudain, au-dessus de l'arbre plein de fruits, le ciel s'obscurcit des grandes ailes noires d'un aigle qui se mit derechef à s'en régaler.

Le premier jour néanmoins, les époux respectèrent son repas, attendant qu'il se fût rassasié pour entreprendre leur cueillette. Mais l'oiseau ne quittait pas le carambolier et, le jour suivant, ils s'aperçurent que les quelques fruits restants étaient soit entamés, soit tombés sur le sol.

— *Oï Troï Oï!* se lamenta la jeune femme, nous espérions tant survivre grâce à ce *cây-khê* et voilà que Monsieur l'Aigle nous dépossède de nos fruits! Dans ces conditions, pourquoi continuer à vivre?

Or cet aigle entendait et parlait le langage humain. Il vint se poser devant le couple en disant à haute et intelligible voix :

*Si je mange un fruit*
*Je rends un lingot d'or.*

*Confectionnez un sac de trois empans*
*Emportez-le pour en ramasser.*

— C'est sans doute un oiseau-fée, Petite Sœur, dit le mari. Conformons-nous en tous points à ses instructions.

Au bout de quelques jours, l'oiseau revint, chipota les dernières caramboles et répéta :

*Si je mange un fruit*
*Je rends un lingot d'or.*
*Confectionnez un sac de trois empans*
*Emportez-le pour en ramasser.*

Le jeune homme sortit alors de la paillote, montra le sac à l'oiseau qui, se posant à terre, lui fit signe de monter sur son dos.

Ceci est long à dire mais dura en fait qu'un clignement de paupières.

Sur le dos de l'aigle, le jeune homme montait, montait, survolait des plaines, des fleuves, des collines, des montagnes enrubannées de nuages. Puis, au-dessus d'une étendue de mer vaste à donner le vertige, l'oiseau redescendit avant de foncer comme l'éclair sur un îlot désert. D'angoisse, le jeune homme sentit ses esprits vitaux s'évaporer de concert, agrippé qu'il était au cou de l'oiseau, le visage enfoncé dans ses plumes.

— Prenez ce que vous voulez, fit l'aigle en l'invitant à prendre pied sur l'îlot.

Ce n'était point là un îlot ordinaire. Ici pas de rochers couverts d'algues et de coquillages, frangés d'écume, mais d'innombrables lingots d'or et d'argent empilés de tous côtés, des diamants et des pierreries à profusion brasillant au soleil et des perles, tant de perles, qu'au cœur de la nuit, les rayons de la lune rendaient l'îlot phosphorescent.

Eberlué, le jeune homme regardait sans voir, comme quelqu'un *qui a des yeux mais n'a pas de pupille*.

— Remplissez votre sac de tout ce que vous désirez, lui répéta l'aigle.

Le jeune homme se contenta de remplir son sac de trois empans, il ne voulait pas déplaire à l'oiseau-fée et de ce trésor fabuleux il ne désirait point davantage.

Quand il eut terminé, l'aigle le reprit sur son dos et le ramena chez lui au pied du carambolier où sa femme n'avait cessé de le guetter. Ensemble ils se réjouirent d'être à nouveau réunis et riches comme ils n'avaient jamais osé l'espérer.

Car son sac de trois empans suffisait largement au jeune homme pour être l'homme le plus fortuné de la région. Il acheta donc de nombreuses rizières, d'immenses troupeaux et secourut tous ceux qui réclamaient son aide.

S'étant fait construire une demeure magnifique, il s'en fut inviter son frère aîné et sa belle-sœur au festin d'inauguration de sa nouvelle maison.

La rumeur publique l'avait précédé.

— Est-ce que par hasard *tu chausserais les souliers en sortant et les sandales en entrant*[3] ? fit son aîné en rigolant car il ne croyait guère à ce que colportaient les gens.

— Oh non, Frère Aîné, mais me voici enfin propriétaire d'une maison. Me ferez-vous la grâce de l'honorer de votre visite ?

— Soit, dit l'aîné après s'être fait tant soit peu prier, je viendrai mais à la condition que des nattes fleuries couvrent le chemin de ma maison à la tienne.

— Vos souhaits sont des ordres, Frère Aîné, répondit le cadet.

Quelle ne fut pas la stupéfaction de l'aîné et de son épouse le lendemain en mettant le nez dehors : depuis le seuil et à perte de vue jusqu'au fin fond de l'horizon, se déroulaient, tel un somptueux tapis, des nattes si délicates, aux motifs et aux couleurs si incomparables, qu'elles semblaient avoir été empruntées à l'Empereur de Jade ! Elles menaient tout droit au palais devant lequel le cadet et sa femme, pleins de déférence, les attendaient.

Au cours du repas l'aîné, qui s'était contenu jusque-là, pencha vers son cadet ses yeux d'anguille[4]. L'alcool lui rendait, comme on dit, la langue glissante.

— Cher Petit Frère, fit-il d'un ton doucereux, me direz-vous enfin d'où vous vient cette colossale fortune ?

— Rien de plus facile, répondit son cadet qui ne lui cela rien de l'histoire de l'aigle et du carambolier.

A peine avait-il terminé que l'aîné s'écriait :

— Mais ce carambolier est à moi par droit d'aînesse...

— Oui, renchérit son épouse, c'est à nous qu'il revient !

De bon cœur, le cadet leur céda l'enclos et le carambolier.

Ayant calculé que l'aigle ne pouvait livrer son trésor qu'à des gens misérables, l'aîné et son épouse vêtus de pauvres tuniques teintes au *cu-nau*[5] et maintes et maintes fois rapiécées, vinrent s'installer dans la paillote près du carambolier, se relayant pour guetter la venue de l'oiseau-fée.

Les caramboles à maturité, l'oiseau vint. Et l'aigle de s'en régaler et la femme de faire semblant de gémir et de se lamenter. Tant et si bien que l'oiseau lui cria :

*Si je mange un fruit*
*Je rends un lingot d'or.*
*Confectionnez un sac de trois empans*
*Emportez-le pour en ramasser.*

Trêve de détails superfétatoires : le lendemain, quatre sacs de six empans étaient prêts.

Quand l'aigle invita l'aîné à monter sur son dos, sa femme y grimpa aussi de crainte qu'une seule personne ne suffît pas à tout ramasser. Et ils s'envolèrent par-dessus plaines, fleuves, collines et montagnes escarpées jusqu'à l'îlot en pleine mer.

— Remplissez votre sac de ce que vous voulez, dit l'aigle.

Inutile avec eux d'insister, ils s'étaient déjà précipités. Leurs quatre sacs pleins à craquer, ils remplirent encore leurs poches, leurs jambes de pantalons nouées aux jarrets, puis leurs narines, puis leurs oreilles, et s'attachèrent encore autour du corps des lingots d'or. Vraiment, leur cadet qui avait rempli seulement son pauvre petit sac de trois empans était un abruti *aussi stupide qu'un manche de bêche*, ils seraient dix mille fois plus riches que lui !

Quand ils eurent enfin terminé, pleins de regret à l'idée de ce qu'ils laissaient, ils s'installèrent avec difficulté sur le dos de l'oiseau-fée qui lourdement prit son envol.

Mais que se passait-il? Au-dessus de la mer tout à l'heure si allégrement survolée, l'oiseau semblait planer sans beaucoup avancer et en perdant, semble-t-il, de l'altitude. Trop lourdement chargé, il donnait des signes évidents de fatigue.

— Jetez un peu de votre or, finit par leur crier l'aigle essoufflé, je ne peux plus vous porter.

— Jeter de l'or! sursauta l'aîné scandalisé.

— Monsieur l'Aigle, encore un tout petit effort, fit son épouse. Grâce à vous, avec cet or, nous allons devenir les plus riches du royaume, nous aurons des palais, des...

C'est alors que l'oiseau, sur le point de piquer du nez dans les flots, secoua ses ailes immenses... Désarçonné, le couple aux sacs, aux poches, aux jambes de pantalons, aux narines et aux oreilles bourrés d'or et de diamants, tomba dans la mer.

La mer qui l'engloutit avec son trésor.

NOTES

1. C'est-à-dire la tradition.

2. Cœur mesquin et avare.

3. Expression pour désigner quelqu'un qui vit dans l'opulence.

4. Yeux réputés pleins de malignité.

5. Teinture végétale qui teint en brun la toile de coton et renforce la résistance des fibres.

## DINH BÔ LINH, LE ROI AUX DIX MILLE VICTOIRES

*Vous savez tous que les dragons donnent aux hommes la puissance et le bonheur.*

L'histoire conte que jadis, au temps de la dynastie des Ngô[1] et des douze Seigneurs de la guerre[2], vivait dans une rivière proche du village de Hoa Lu, province de Ninh Binh, une loutre gigantesque.

Personne ne savait d'où elle venait, ni quand elle était apparue. Comme elle avait à son actif des méfaits innombrables tels que pillages de poulaillers et enlèvements de femmes, les habitants de la région avaient bien essayé à maintes reprises de s'en débarrasser mais elle ne quittait guère la rivière où elle était imbattable. Nul ne savait nager mieux qu'elle et aussi longtemps entre deux eaux à la chasse aux poissons, aux écrevisses, aux grenouilles et aux rats pour satisfaire son appétit insatiable. Nul ne supportait mieux qu'elle le froid et l'humidité. Nul ne mordait mieux qu'elle jusqu'à broyer les os.

Si bien que tous les gens des environs avaient appris à s'en méfier et les jeunes filles en particulier à éviter les bords de la rivière.

De l'existence de cette loutre gigantesque, la précieuse épouse d'un certain Dinh Công Tru, préfet du Hoan-châu, ne savait rien. Sinon, aurait-elle fait arrêter là son palanquin ?

Ce jour donc, qui était un jour de grande chaleur, la jeune femme insouciante descendit se baigner dans la rivière où les montagnes environnantes reflétaient leurs verts sommets.

Toute à la fraîche caresse de l'eau limpide le long de ses jambes, de ses cuisses, de ses hanches, elle ne vit pas sur le sable du fond ramper une ombre noire, immense, que le clapotement de l'eau avait attirée... Quand elle sentit les pattes de la loutre enlacer sa taille, c'était trop tard. Et le cri qu'elle poussa ensuite, l'eau l'étouffa.

Par chance, ses gens, l'ayant vue se débattre, avec des clameurs se précipitèrent. Au vu des formidables remous, sûrement que leur maîtresse était la proie d'un *giao-long*[3] ! Ils ramenèrent sur la rive la jeune femme que le monstre avait lâchée et s'employèrent à la ranimer, qui en la frictionnant, qui en lui criant à l'oreille, qui en essayant encore de lui desserrer les mâchoires à l'aide d'une épingle de tête, qui en lui faisant respirer une fève carbonisée pour la faire éternuer, qui en lui appuyant violemment sur l'estomac.

Elle vomit de l'eau et quelques herbes. Mais lorsqu'elle put ouvrir enfin ses longs yeux apeurés au milieu de ce cercle de visages inquiets, à qui aurait-elle pu confier que la loutre l'avait violée et imprégnée de sa semence ?

Peu après, elle devint enceinte en effet.

Quant aux gens du village de Hoa Lu, certains que l'attaque de l'épouse du préfet était un nouveau méfait à mettre à l'actif de la loutre et de ses débauches de tortue[4], ils organisèrent alors plusieurs battues et finirent par avoir sa peau de loutre gigantesque.

Comment la jeune femme, sa victime, s'arrangea-t-elle pour ramasser ses ossements et les cacher dans la cuisine ? L'histoire ne le dit pas.

Quelques lunes plus tard, tandis qu'une douce clarté se répandait à travers la demeure du préfet, elle mit au monde un garçon appelé Dinh Bô Linh.

Dès sa naissance, l'enfant avait un visage singulier qui suscitait l'admiration et, dans le dos, trois touffes de poils de loutre, noirs et lustrés. Sitôt qu'il sut marcher, il s'élança dans l'étang aux lotus devant la maison, plongeant et nageant merveilleusement.

Ce n'était pas là son seul talent. Recueilli à la mort de son père par un de ses oncles pour surveiller ses buffles, Dinh Bô Linh devait s'imposer aux autres petits gardiens de buffles par son sens inné du commandement.

C'est ainsi, disent les Annales :

*Qu'ils se lançaient derrière leur chef à l'attaque des enfants des villages voisins, armés de roseaux en guise d'étendards et de bambous en guise de lances.*

*Et qu'ils le portaient en triomphe sur leurs bras croisés.*

A l'issue d'une de ces batailles rangées, Dinh Bô Linh exalté au point d'en être *singe par le cœur, cheval par l'esprit*, c'est-à-dire jouet de passions incontrôlables, voulut régaler son armée d'un festin véritable et sacrifia l'un des buffles de son oncle.

Celui-ci, l'apprenant de la bouche d'un villageois, entra dans une grande ire à en avoir le foie noir et les entrailles violettes. S'armant d'un bâton, il poursuivit son neveu pour le châtier jusqu'à ce que sa chair tombe en lambeaux. Maudits soient les père et mère d'un tel rejeton !

Au bord de la rivière, Dinh Bô Linh, sur le point d'être rejoint, sauta dans l'eau. Depuis la rive, l'oncle écumait de rage, son bâton levé quand – pince-moi donc, je rêve – un dragon apparut qui soutint son neveu au-dessus des flots. Envers un garnement qui n'en avait nul besoin, n'était-ce pas le signe de l'indéfectible protection du Royaume des Eaux?

Devant un tel miracle, l'oncle, tombant à genoux, jeta au loin son bâton.

A mesure que Dinh Bô Linh grandissait pour atteindre l'âge d'homme, sa taille se déployait, son regard flamboyait, sa démarche ressemblait à celle d'un tigre, et dans l'eau il était aussi à l'aise que son père, la loutre.

Tous ceux qui l'approchaient subissaient son ascendant.

C'est alors qu'arriva à Hoa Lu un géomancien chinois qui, depuis la frontière de Chine, poursuivait la veine du Dragon.

A l'aide de sa boussole[5], le *Maître de l'eau et du vent*[6] repéra enfin ce qu'il était venu chercher de si loin : dans un gouffre des environs de Hoa Lu se trouvait – bonheur insigne difficile à obtenir en trois existences successives – la tête du bienfaisant Dragon Bleu, un site géomantique admirable, capable de conférer la dignité impériale aux descendants de celui qui y serait enterré. De joie, le géomancien faillit s'étouffer et en rêve se mit à chevaucher les nuées.

Qui peut ignorer que *celui qui veut régner doit faire un paquet des os de ses ancêtres et aller les déposer dans la bouche du Dragon*?

Seulement, comment aller enterrer des ossements dans ce gouffre écumant?

L'endroit une fois découvert, restait encore au géomancien à se mettre en quête d'*un homme grand quant au foie*[7] capable, moyennant une forte récompense, de plonger dans les eaux tourbillonnantes du gouffre pour venir lui répéter ensuite ce qu'il y avait vu.

Dinh Bô Linh, qui savait nager avant de naître, se présenta.

Aux abords du gouffre, le grondement terrible des eaux avait de quoi faire reculer le plus brave d'entre les braves. On eût dit quelque monstrueuse et vertigineuse marmite d'une profondeur infinie dans laquelle explosaient des millions et des millions de démons aquatiques.

Telle une pierre prête à se détacher de la paroi, un instant, Dinh Bô Linh se tint en équilibre au bord du précipice : tout en bas, les tourbillons assourdissants l'attendaient prêts à l'estourbir et à lui broyer les os...

Il respira longuement et plongea.

Son souple corps de loutre se laissa emporter par le vertigineux maelström, de plus en plus profond jusqu'au cœur des eaux. Alors, il ouvrit les yeux : au milieu d'une glauque caverne se tenait un cheval de pierre de superbes proportions, dont il fit le tour en nageant.

Ensuite il remonta à la surface, s'aidant des aspérités de la paroi pour sortir du gouffre, et rendit compte de sa mission au Chinois. Celui-ci s'empressa alors d'aller arracher une poignée d'herbes et la lui tendit :

— Bon Petit Frère, tu es un fameux nageur ! Si tu peux plonger à nouveau pour présenter au cheval cette touffe d'herbes et me dire ce qu'il en fera, je doublerai ta récompense !

— Soit, fit Dinh Bô Linh qui bascula encore une fois dans le gouffre.

Au bout d'un temps qui parut au géomancien aussi long que trois automnes, le garçon remonta.

— Eh bien? bégaya d'impatience le Chinois.

— Eh bien, Maître de l'eau et du vent, me croyez-vous, le cheval de pierre a ouvert sa bouche et avalé votre herbe.

— Très bien, fit le géomancien ravi sans avoir l'air autrement surpris. Voici doublée ta récompense comme promis. Evidemment, sur tout ceci bouche cousue!

Après quoi, le Chinois se hâta de retourner en Chine quérir les ossements de son père. Mais là-dessus, trêve de détails oiseux.

Disons seulement que le géomancien avait payé les services d'un homme téméraire qui n'était pas un imbécile.

Malgré les efforts du Chinois pour composer sa face, Dinh Bô Linh n'avait pas été long à deviner à son air mystérieux les neuf dixièmes de la vérité. Comprenant que le Maître de l'eau et du vent avait découvert l'emplacement d'une tombe merveilleuse susceptible d'apporter à sa famille toutes sortes de bienfaits, il rentra précipitamment chez lui réclamer à sa mère les ossements de son père.

— Que veux-tu donc en faire?

Quand la veuve du préfet Dinh Công Tru eut connaissance de son aventure avec le géomancien chinois, elle ne fit aucune difficulté pour lui confier les ossements de la loutre dissimulés avant sa naissance dans la cuisine.

Et Dinh Bô Linh de les envelopper dans une touffe d'herbes et de plonger dans le gouffre pour les faire avaler au cheval de pierre.

On a raison de dire que :

*Les dragons donnent aux hommes la puissance et le bonheur.*

Dès lors sa force et son courage ne connurent plus de bornes. Sa réputation, telle une natte qu'on déroule, s'étendit aux quatre coins de l'horizon.

En ce temps-là la dynastie des Ngô, sombrée dans l'anarchie, avait perdu tout pouvoir face aux douze grandes seigneuries du Delta et de la Moyenne Région[8]. C'est ainsi qu'un de ces douze Seigneurs de la guerre nommé Trân Lam, frappé par son intelligence et sa taille extraordinaire, confia à Dinh Bô Linh le commandement de ses troupes.

Un peu plus tard, c'est de Hoa Lu que le fils de la loutre devait défier l'armée des Ngô et la défaire.

Et c'est en l'année cyclique Dinh-meo[9] qu'il devait attaquer les Seigneurs de la guerre et les soumettre, méritant ainsi le surnom de *Roi des dix mille victoires*.

Ainsi, disent les Annales :

*Partout où il allait, il remportait la vic-toire ; dans les villages, dans les gorges des montagnes aussi bien qu'au bord des fleuves, il écrasait les bandes de rebelles. Tous les territoires furent entièrement soumis ; parmi les magistrats des* chaû *et des* phu[10]*, les petits fonctionnaires et le peuple, il n'était personne qui ne reconnût son autorité.*

Mais sur ce sujet, à quoi bon en dire davantage ?

Quelques années passèrent, le temps de construire à Hoa Lu des châteaux, des murailles et des fossés, d'y établir une cour et une hiérarchie de fonctionnaires civils et militaires...

Le temps aussi pour le géomancien chinois, chargé de sa sacoche d'ossements, de s'en revenir au pays viêt.

— J'ai ouï dire que le royaume qui s'appelle maintenant Dai Cô Viêt est aujourd'hui florissant et que Hoa Lu est sa Capitale, mais, demanda-t-il à son arrivée, qui donc le gouverne ?

Il lui fut répondu que c'était le « Premier Auguste Seigneur Dinh » par la volonté du Ciel, et il sut que le jeune Dinh Bô Linh avait utilisé à des fins personnelles la veine du Dragon.

Il en fut si mortifié qu'il décida de se venger.

Qui donc peut encore prétendre que *seul l'homme vertueux peut user utilement de la géomancie* ?

Il ourdit sa vengeance sous la lune, conçut un plan infaillible et s'en fut demander audience à l'Empereur.

— Grâce à la bonne fortune, vaste comme le ciel, de Votre Majesté, et à la vertu de Ses Augustes Ancêtres, fit-il après s'être prosterné, le peuple vit désormais dans la paix et la prospérité. Néanmoins, permettez à votre humble petit serviteur d'oser cette modeste objection : il manque à votre cheval une épée pour que la gloire de Votre Majesté soit complète !

— A ce qu'il nous semble, répondit l'Empereur sans défiance, voilà un conseil judicieux.

Et il fit suspendre une épée au col du cheval de pierre.

Tant que l'épée demeura sagement pendue au fond du gouffre à l'encolure du destrier, Dinh Bô Linh poursuivit son règne glorieux, mais sous l'action des eaux tourbillonnantes, l'épée finit à la longue, comme l'avait prévu le géomancien, par trancher la tête du cheval de pierre.

Alors, racontent les Annales, un certain Dô Thich, officier du Palais, ayant vu en rêve une étoile lui tomber du ciel dans la bouche, crut au présage d'une subite élévation et poignarda l'Empereur Dinh Bô Linh et son fils, le Prince Héritier Dinh Liên, mettant fin ainsi à la dynastie des Dinh qui avait uni et pacifié le pays.

NOTES

1. Dynastie vietnamienne des Ngô (939-965).

2. Les douze *su-quân* du Delta et de la Moyenne Région : chefs féodaux en rébellion.

3. Dragon.

4. Débauche sexuelle.

5. Boussole de géomancien indiquant la répartition des deux grands souffles de la matière : le Dragon Bleu ou souffle bienfaisant, et le Tigre Blanc ou souffle pernicieux.

6. La géomancie est la science des influences terrestres ou des lois naturelles, c'est-à-dire le vent et l'eau, d'où le nom donné au géomancien de *Maître de l'eau et du vent*.

7. Homme intrépide.

8. Delta et Moyenne Région du fleuve Rouge.

9. 968 de notre ère.

10. *Chaû* : sous-préfecture. *Phu* : préfecture.

## CONTE DE LUNE ET DE VENT

*Rassasié, on devient Bouddha*
*Affamé, on devient un diable malfaisant.*

A quelle époque était-ce ?

L'histoire rapporte que ce devait être sous le règne de Trân Minh Tôn de la dynastie des Trân[1], à la floraison des lotus sur les étangs[2].

Cela faisait maintenant une lune que Trinh Trung Ngô, aîné d'une riche famille de Bach-ha, avait amarré sa jonque de commerce au pont de Liêu-khê pour se rendre quotidiennement au marché de Nam Xuong.

Depuis lors, chaque matin, il apercevait, sortant du hameau de l'Est, une jeune femme escortée d'une petite servante.

Encore ne pouvait-il la voir que de loin et furtivement mais les traits de son visage, son nuageux chignon, sa taille de saule tout comme sa tunique couleur pulpe de litchi, sa ceinture gracieuse et sa longue jupe de soie, lui paraissaient absolument splendides.

Jamais il n'aurait imaginé qu'il existât en ce monde de poussière et au fond de ce hameau reculé, pareille beauté.

Chacune de ces apparitions troublait un peu plus le cœur du jeune et séduisant marchand. Quelque noble jeune dame de la Capitale sans doute, épouse ou fille de mandarin, en visite dans sa famille ou, à l'occasion d'un anniversaire, au tombeau de ses ancêtres ?

Il ne cessait de s'interroger à son sujet. Seulement, étranger qu'il était au pays, comment aurait-il pu s'informer ? Il avait beau être à l'affût de la moindre allusion au hameau de l'Est et à la personne de qualité qui y séjournait, nulle parole ne venait tant soit peu l'éclairer. Personne ne semblait s'en préoccuper. Aussi en était-il réduit à dissimuler ses sentiments.

Bientôt, se reposant de plus en plus sur ses serviteurs pour mener ses affaires, il en vint à passer le plus clair de son temps à guetter chaque apparition de l'inconnue, tremblant chaque matin de ne point la voir surgir du hameau de l'Est, et après l'avoir vue, languissant déjà de la revoir le lendemain.

Devant pareil comportement qui ne laissait pas de l'inquiéter, le vieil intendant de la famille, arguant une négociation délicate, se permit d'insister pour que son jeune maître l'accompagnât à Nam Xuong le lendemain. Ainsi entendait-il respectueusement lui rappeler ses devoirs de fils aîné, chef de famille mais, peut-on contrarier le destin ?

L'affaire conclue, comme maître et serviteur s'en retournaient à leur bateau, deux femmes croisèrent leur chemin. Bien qu'il fît *sombre à ne plus distinguer les fils de soie*, au seul battement de son cœur, Trinh reconnut l'habitante du hameau de l'Est et sa petite servante.

Plantant là son vieil intendant, le jeune marchand la suivit. Quelle belle opportunité de l'aborder pour lui parler et mieux encore la courtiser !

Ce que voyant, la jeune femme pressa le pas.

Décidément, se disait-il, que sa démarche est donc gracieuse et ses pas légers !

A cet instant sa voix – *une voix qui jetait l'or et le jade* – lui parvint aussi distinctement que si elle se fût adressée à lui en particulier :

— Voilà bien longtemps, disait-elle à sa petite servante, que je suis restée alitée. Cette nuit, je souhaite aller au pont de Liêu-khê. Six mois déjà que je ne l'ai vu ! Veux-tu m'y accompagner ?

Trinh tressaillit de joie. Dès l'heure du Chien[3], il était à l'affût à la tête du pont.

Dans la claire nuit d'été, les poules d'eau gloussaient à la lune. Le tambour de Nam Xuong ponctua la seconde veille, puis la troisième sur le village endormi. Le jeune marchand s'imaginait déjà avoir été abusé par de trompeuses paroles quand il se rejeta vivement dans l'ombre : voilà qu'elle venait d'apparaître suivie de sa petite servante qui portait une guitare-lune[4].

Avec l'abandon de celle qui se croit seule au monde, elle alla s'appuyer contre le parapet, tantôt regardant couler la rivière obscure, tantôt contemplant les sombres montagnes à la clarté des étoiles.

— C'est toujours le paysage de jadis, dit-elle en soupirant. Le même bruit de l'eau sous l'arche du vieux pont, les mêmes montagnes sous le même ciel. Comment ne pas en ressentir toute la nostalgie ?

Là-dessus, préludant sur son instrument, elle se mit à jouer *Printemps sur la Tour de Jade*, puis *Rêve d'Immortel et Chant du ciel méridional*[5]. Dans sa voix, passaient par moments de déchirants accents.

— Je voudrais, dit-elle en s'interrompant soudain, confier mes sentiments intimes à cette guitare, mais ici-bas qui m'écoute encore et qui peut encore me comprendre ?

Alors le jeune homme n'y tenant plus jaillit de l'ombre :

— Je suis, s'écria-t-il en la saluant, cette âme sœur qui vous comprend ! Veuillez me mettre à l'épreuve !

Effrayée, la jeune femme sursauta mais à l'écoute d'une telle déclaration, *gage de la pureté du cœur et de la sincérité des sentiments*, toute sa personne exprima la plus extrême confusion et le jeune marchand en fut captivé. Tels deux rameaux de cerisier rapprochés par la brise, dans l'ombre ils se contemplaient mais ce que leurs cœurs ressentaient, leurs visages se gardaient encore de l'exprimer.

S'avisant soudain qu'il manquait à tous les usages, il se présenta :

— Et vous, Mademoiselle, vos nobles nom et surnom, quels sont-ils ? Où donc avez-vous élu domicile ?

Elle répondit qu'elle s'appelait Nhi-khanh, qu'elle était la petite-fille de Monsieur Hôi et appartenait à une grande famille honorablement connue dans le village. Hélas ses parents étaient morts, la prospérité de jadis n'était plus qu'un souvenir. Abandonnée depuis peu par son époux, elle avait trouvé refuge dans le hameau de l'Est, à l'écart du marché de Nam Xuong.

— Ce n'est pas loin d'ici, dit-elle. Puisque le Ciel, par heureuse chance, nous a réunis, quel inconvénient aurait-il à vous y conduire ?

Et ils s'engagèrent dans le sentier, cheminant en silence sous la lune évanescente qui glissait entre les roseaux d'un noir d'encre, la petite servante chargée de la guitare-lune trottinant sans bruit sur leurs talons.

— Nous voici arrivés au lieu où je me languissais à vous attendre, fit sa voix pleine de douceur.

Dans l'ombre, le portail, l'écran de pierre et la maison avec son vaste toit aux arêtiers recourbés, ne manquaient pas de majesté.

— Veuillez entrer céans ! Et elle l'introduisit dans les appartements intérieurs pendant que la petite servante, çà et là, allumait des lampes.

La pièce de réception parut au jeune homme de fort belles proportions et sa robuste charpente de bois de *lim*[6] à l'épreuve du temps et des typhons. Les nattes chatoyantes du plancher, le lit sculpté avec ses appuie-têtes de porcelaine, l'écritoire de lettré, les sentences brodées suspendues aux poutres et jusqu'à l'antique brûle-parfum en bronze de Kim-ma qui luisait dans la pénombre, tout semblait ancien et de bon goût. Assurément, ce n'était pas là la demeure d'une personne ordinaire !

Ils s'installèrent côte à côte sur le lit-estrade. Peu après, la petite servante leur apporta du vin léger accompagné de mets frits et d'autres bouillis.

— Si l'on songe, fit-elle en levant sa coupe pour inviter Trinh à vider la sienne, que même une vie de quatre-vingts ans n'est qu'un rêve de millet[7], comment ne pas profiter de chaque instant pour goûter aux joies éphémères de l'existence ? Car une fois enterrés, nous appartenons au Royaume des Sources[8] et finies pour nous, à tout jamais, les joies de l'amour, n'est-il pas vrai ?

Des ombres languissantes s'accumulaient au creux de ses paupières tandis qu'elle lui dédiait un mystérieux sourire. De près, sa tunique malicieusement entrouverte sur sa chair plus blanche que neige, elle gagnait encore à être vue et dans sa fraîcheur de fleur, paraissait âgée de quinze ans à peine.

Ils vidèrent encore quelques coupes, lui brûlant de la prendre dans ses bras, elle parlant d'un ton léger comme un oiseau qui sautille de branche en branche, mais bientôt, incapables de refréner plus longtemps leurs ardeurs printanières, ils rapprochèrent leurs appuie-têtes.

— Si l'on attend, murmura-t-il tout contre elle, la fleur se flétrit, la lune s'ébrèche, les printemps ne renaissent pas. Il ajouta dans un souffle : Combien de fois pourrai-je posséder le vallon des pêchers[9] ?

— Oh, fit-elle d'une voix ardente, posant son pied sur le sien et respirant ses joues. Consolez-moi, mon Cher Seigneur, de tous ces jours d'oubli et d'abandon où mon corps était mort ou presque. Réchauffez le bourgeon engourdi. Répandez vos effluves bienfaisants dans ma vallée obscure. Alors, je n'aurai pas vécu en vain !

Et avec délices, ils s'abandonnèrent *au jeu du nuage et de la pluie*[10].

Pour célébrer cette nuit de joie, Nhi-khanh composa deux poèmes. Trinh en loua l'étrange beauté digne en tous points du pinceau de Di-an[11], mais c'était un jeune marchand qui n'entendait pas grand-chose à la poésie. Contrainte de lui expliquer le sens de chaque vers, elle finit par dire en riant :

— Laissons cela, voulez-vous ! Qu'est-ce que la littérature sinon un tas de vieux bouquins ? Ne vaut-il pas mieux jouir puissamment de la vie avant qu'elle ne passe ?

Et ils goûtèrent de nouveau aux joies de l'amour.

Cependant la nuit avançait. Comme la fraîche haleine de l'aube faisait vaciller la flamme des lampes, Nhi-khanh précipita les adieux :

— Maintenant que nous sommes liés par le destin, mon Cher Seigneur, je n'ai désormais qu'un désir : me consacrer à votre service. Mais, notre rencontre étant secrète, craignons que les yeux et les oreilles des gens ne nous soupçonnent. Mieux vaut attendre chaque soir les étoiles pour venir me rejoindre et repartir chaque matin avec la lune, ainsi nous éviterons les ennuis.

Deux lunes s'écoulèrent ainsi.

Quand Trinh n'était pas auprès de Nhi-khanh, il restait allongé dans sa cabine de pont à dormir, rêver, boire et fumer. C'est à peine s'il mangeait et rien de tout ce qui touchait au négoce et à sa vie d'autrefois ne l'intéressait plus désormais. Si bien qu'à force de journées de beuveries et de nuits de débauches, il ne tarda pas à avoir la pâle blancheur de la lune qui s'attarde, les yeux lancéolés de brun de celui que ronge un mal secret.

Son vieil intendant, très inquiet, finit par s'en ouvrir à un ami de Trinh, le seul à connaître son histoire :

— Il est grand temps que le jeune maître soit secouru, sinon je crains fort qu'il y perde la vie. Ayez la bonté de lui parler, lui dit-il.

Lorsque le visiteur entra dans la cabine de pont aux stores baissés, il trouva Trinh affalé sur sa natte, blafard, le souffle court, buvant et tirant de nerveuses bouffées de sa pipe à eau.

— Petit Frère, fit-il, une fois les tasses de thé échangées, ne vous fâchez point, mais à voir votre mine ravagée vous avez tout l'air d'être le jouet de passions ingouvernables. Loin de votre province, de vos parents, je ne saurais trop vous conseiller d'être circonspect à l'égard d'une jeune personne que nul entremetteur ne vous a présentée. Si vos sentiments sont sincères, plutôt que d'entretenir une relation cachée qui, une fois révélée, pourrait gravement vous nuire, pourquoi ne pas agir au grand jour en allant demander en mariage cette demoiselle, avec votre grand frère pour témoin ? Ou bien il s'agit d'une favorite richement entretenue qui n'est pas libre, ou d'une fille riche dans un pavillon rouge et alors vous pourrez l'emmener où vous voulez, comme Ly-Tinh qui épousa Hông-Phât[12]. C'est là, à mon humble avis, la seule conduite à tenir.

A force d'insistance, Trinh finit par se laisser convaincre.

L'après-midi même, les deux amis prenaient la direction du hameau de l'Est.

Seulement le chemin que Trinh avait si souvent suivi à la clarté de la lune, au grand soleil semblait soudain se dérober. A se demander où la maison pouvait bien se trouver ? Enfin comme le soleil commençait à décliner, Trinh reconnut le sentier bordé de roseaux et au bout les feuillages derrière lesquels se dissimulait la demeure où vivait sa bien-aimée. A l'idée de la surprendre à cette heure du jour pour lui faire une telle demande, le cœur lui battait d'excitation.

Il franchit le portail méconnaissable tant il était délabré et toussa pour s'annoncer. N'obtenant aucune réponse, ils contournèrent l'écran de pierre qui lui aussi s'effondrait et, à travers le jardin envahi d'épaisses broussailles, s'approchèrent de la maison. En plein jour, il était visible qu'elle tombait en ruines, les tuiles du triple toit criblaient le sol de leurs écailles.

Le cœur serré, Trinh comprenait à présent pourquoi Nhi-khanh tenait tant à leurs rendez-vous nocturnes.

Comme ils pénétraient dans la salle de réception, un souffle âcre les assaillit, néanmoins ils continuèrent d'avancer, faisant résonner lugubrement sous leurs pas le vieux plancher criblé de crottes de rats. Vestiges de la prospérité de jadis, trônaient au milieu de la salle, sous des monceaux de poussière et de toiles d'araignée, un lit sculpté tout démantibulé et un rideau-écran dépenaillé.

Les deux hommes se regardèrent atterrés. Nul doute que la maison était inhabitée depuis bien des années ! Qu'est-ce que tout ceci signifiait ?

Au fond de la pièce, un rideau déchiré, pendu là en guise de porte, se levait et s'abaissait au souffle du vent, telle une poitrine qui respire... Intrigués, ils se dirigèrent de ce côté. A chaque fois que le rideau se soulevait, une odeur fétide leur emplissait les narines. C'est alors qu'une voix harmonieuse, reconnaissable entre toutes, retentit dans l'ombre crépusculaire :

— Voici, Cher Seigneur, la chambre où je prends mon repos. Veuillez, je vous prie, entrer céans !

Et Trinh, malgré lui, souleva le rideau.

La pièce empuantie où ils entrèrent était vide de toute présence. A gauche, sur un petit lit d'osier, était installé un cercueil rouge drapé d'une bande de soie écarlate sur laquelle étaient inscrits en poudre d'argent des caractères. Se bouchant le nez et la bouche avec un pan de leur tunique, ils se penchèrent pour les déchiffrer.

Sur la bande de soie rouge il était écrit : « *Cercueil de Nhi-khanh* ». A côté se trouvait la statuette d'argile d'une petite servante tenant une guitare-lune.

Trinh sentit tous les poils de son corps se dresser d'horreur, la glace lui pénétrer le foie et les os. Epouvanté, il s'enfuit comme s'il avait des ailes, loin de cette maison en ruine, de cette odeur de cadavre, suivi de près par son compagnon.

Il bondissait hors du hameau de l'Est quand la femme se dressa sur son chemin, hagarde, le teint blême, les prunelles éteintes, tendant vers lui ses mains décharnées :

— Arrête ! A quoi bon fuir ! Nous sommes liés à jamais par les chaînes du destin ! Vivante, je t'aurais confié ma chair, morte je t'ai confié mes os. N'as-tu donc rien compris l'autre jour à ma poésie ? Eclatant d'un rire affreux, elle l'agrippa par ses vêtements : Viens, cria-t-elle accrochée à lui de tous ses ongles aigus. Allons dormir ensemble dans la même fosse !

Dans un craquement d'étoffe, Trinh aidé par son ami s'arracha à son étreinte. Quand il atteignit enfin l'embarcadère de Liêu-khê, de terreur ses dents et ses genoux s'entrechoquaient.

Le lendemain matin, bien qu'il se sentît vidé de son essence vitale, il n'eut rien de plus pressé que de courir au hameau de l'Est s'informer. Une petite-fille de Monsieur Hôi, âgée de dix-huit printemps, avait bien existé, dont la beauté l'emportait, lui dit-on, sur les dames de la Capitale, mais voilà six mois qu'elle était morte. En l'absence de parents pour accomplir les rites funéraires, on avait laissé sa dépouille, à l'écart du village, dans la maison abandonnée.

Alors sans larmes pour pleurer, ni voix pour crier, le jeune marchand tomba gravement malade, navrant le cœur de son vieil intendant. Il restait prostré dans la cabine de pont, balbutiant de temps à autre, entre deux longues périodes d'inconscience : « Comment m'en délivrer ? »

Car la femme, nuit après nuit, n'en continuait pas moins de le harceler. Parfois, elle l'apostrophait depuis la rive. Dans l'obscurité, sa voix horrible s'élevait qui criait : « As-tu oublié tes serments prêtés sur les mers et jurés sur les montagnes ? » Parfois, elle rôdait sur le pont de la jonque, cognait à la fenêtre de la cabine de pont pour supplier ou proférer des menaces : « Jamais, entends-tu, jamais je ne t'abandonnerai ! Estime-toi heureux, Cher Epoux, de ma fidélité ! » avant d'éclater de son rire de démon.

En l'entendant, Trinh voulait se lever pour la rejoindre, luttait violemment contre ses serviteurs et hommes d'équipage qui étaient contraints de l'attacher.

Mais une nuit claire de la mi-automne,

alors que tout le monde à bord dormait profondément, trompant toute surveillance, Trinh disparut.

On le découvrit, au fond du hameau de l'Est, dans la maison abandonnée, tenant embrassé le cercueil de la femme. Il était mort.

L'histoire dit qu'on l'enterra dans ce lieu même, sous les herbes folles du jardin.

Dès lors, le village de Nam Xuong ne devait plus connaître ni trêve, ni repos.

Par les nuits sombres, on voyait les deux amants, main dans la main, aller par les chemins, riant et pleurant. Ils arrêtaient les gens, frappaient aux portes des maisons, demandaient inlassablement prières et sacrifices quand ils ne réclamaient pas un petit temple pour qu'on leur rende un culte. Leurs exigences insatisfaites, ils provoquaient des calamités et nul n'était épargné.

Tant et si bien que les habitants lassés de leurs malheurs finirent par les déterrer et jeter leurs os dans le fleuve, non loin d'une pagode qu'ombrageait un kapokier séculaire.

Les anciens ne mentent pas qui prétendent :

*Les diables des banians, les fantômes des kapokiers.*

Condamnés par les habitants de Nam

Xuong au sort de fantômes errants, les deux amants prirent possession de l'arbre vénérable et se transformèrent en démons.

Il advint qu'en l'année Canh-ngo[13] du règne Khai-huu de la dynastie des Trân, un moine taoïste qui passait la nuit dans la pagode proche du kapokier, aperçut un couple d'amants licencieux en train de s'ébattre nus au clair de lune. Le lendemain matin, il en fit le récit à un ancien du village, déplorant la dégradation des mœurs, signe des temps.

— Ah, Vénérable Maître, lui répondit celui-ci, si nous pouvions être débarrassés de ces deux démons qui ont pris ce kapokier comme suppôt voici quelques années, ce serait un grand bienfait pour notre village !

Le moine taoïste se dit à part soi : « A présent que je suis vieux et décrépit, serai-je encore efficient ? Cependant, puis-je passer ainsi mon chemin sans tenter de secourir ces gens ? »

Or donc, il rassembla les habitants du village, leur fit ériger un autel pour le sacrifice. Puis il fixa sur l'arbre une amulette couverte d'idéogrammes, de trigrammes et de figures magiques, en jeta une autre dans le fleuve et en brûla une troisième dans les airs.

Après quoi, le Maître de la Voie, qui avait le pouvoir de dominer les démons et les esprits malveillants des trois Mondes, invoqua le Ciel :

— J'en appelle à l'armée céleste pour qu'elle détruise ces démons licencieux qui ont trop longtemps sévi ici !

Soudain un vent violent se leva, le fleuve charria des vagues énormes dans un bruit de tonnerre, le ciel s'obscurcit jusqu'à la nuit noire, et l'assistance plongée dans les ténèbres se prosterna, saisie d'effroi.

Puis le ciel redevint clair. Et l'on découvrit que l'arbre séculaire avait été abattu, son tronc et ses rameaux centenaires réduits à de menus morceaux aussi effilochés que touffe de chanvre. Cependant qu'à travers le ciel on pouvait voir les quelque sept cents soldats à tête de buffle de l'armée céleste emmener les deux démons ligotés qui, sous la bastonnade, se tordaient et sanglotaient.

En signe de reconnaissance, les villageois voulurent offrir au moine argent et présents.

Mais le Maître de la Voie, ramassant les pans de sa robe, remonta dans son palanquin et, sous les yeux de l'assistance qui le saluait avec respect, disparut dans la montagne.

** A l'inverse des autres contes du légendaire vietnamien qui ont autant d'auteurs que de conteurs, ce « Conte de lune et de vent » s'inspire, pour en donner une libre adaptation française, d'un conte fantastique : « Histoire du kapokier » in « Vaste recueil de légendes merveilleuses » (Truyên Ky Man Luc), œuvre de Nguyên-Du, auteur du XVIe siècle.*

NOTES

1. Dynastie des Trân : 1226-1400. Roi Trân Minh Tôn : 1314-1329.

2. C'est-à-dire durant l'été.

3. De 19 heures à 21 heures.

4. Guitare à manche très long, à quatre ou cinq cordes.

5. Chants très populaires sous les Trân.

6. Bois très dur, dit bois de fer.

7. Allusion à l'histoire de l'étudiant Lu Sinh, qui s'étant endormi dans une auberge en attendant que cuise une marmite de millet, rêva qu'il était reçu Premier Docteur, promu Premier Ministre, marié à une belle Princesse, père de cinq fils mandarins et qu'il mourait à l'âge de quatre-vingts ans... Juste à ce moment il s'éveilla, le millet n'était pas encore cuit. Un moine taoïste lui dit en souriant : « Ainsi est la vie qui dure moins qu'un songe. »

8. Royaume des Morts.

9. Expression poétique pour désigner le sexe d'une femme.

10. Les ébats sexuels.

11. I-Ngan, poétesse chinoise de l'époque des Song (960-1280).

12. Allusion à l'histoire de la favorite d'un grand mandarin, nommée Hong-Fat qui, éprise de Li-Tsing à l'époque des Tang (618-907), s'enfuit chez celui-ci qui la prit pour femme.

13. Année 1330.

## LE GÉNIE DE LA MONTAGNE ET LE GÉNIE DES EAUX

*Chacun mérite d'être mon gendre, mais je n'ai qu'une seule fille.*

« Je descends des Dragons et vous des Immortels, dit le Seigneur Dragon à Au Co son épouse, après qu'elle eut mis au monde l'œuf contenant leurs cent fils. L'eau et le feu se détruisent. Nous vivrons difficilement ensemble. Il faut maintenant nous séparer. Prenez donc cinquante enfants et allez avec eux occuper les montagnes. Je prendrai les cinquante autres et les emmènerai dans la mer Orientale. »

Et il en fut ainsi.

Cela se passait voilà quatre mille ans.

Cependant, l'un de ces cent garçons ne suivit ni son père le Seigneur Dragon Lac dans la mer du Sud ni sa mère l'Immortelle Au Co dans les montagnes, préférant vivre en solitaire.

Malgré sa noble origine, comme il était très pauvre, il se fit bûcheron dans les forêts du pays de Linh Nam. Tandis que son frère aîné sous le nom de Hùng Vuong Ier fondait le royaume du Van Lang, il vécut là de l'air du temps – un hamac jeté entre deux arbres en guise de maison – sans autre ambition que d'être libre et sans se soucier de son destin.

Quoi qu'il en soit, son illustre nom devait se transmettre de génération en génération, jusqu'à son plus ultime descendant. Mais celui-ci, bûcheron également de son état et aussi pauvre et modeste que son lointain aïeul, trouva le nom trop lourd pour lui et ne s'en servit pas. Les gens disaient dans son dos qu'il était parent du Roi Hùng Vuong dix-huitième du nom, mais ne l'appellaient pas autrement que « bûcheron ».

L'histoire que voici commence au cœur des bois, un matin, quand ce jeune bûcheron venu abattre l'arbre précieux entaillé la veille découvrit qu'il était intact. Stupéfait, il fit le tour du tronc énorme sur lequel il avait ahané du lever au coucher du soleil, le palpa de tous ses doigts à la recherche de la plaie saignante de sève : pas la moindre entaille, la plus légère encoche ! Dans la nuit, le bois si dur avait comme qui dirait cicatrisé !

Qu'à cela ne tienne, le jeune bûcheron se remit à l'ouvrage sans désemparer, faisant résonner toute la forêt de sa cognée. Au crépuscule l'arbre s'abattait enfin dans un craquement épouvantable tel un mât dans la tempête. Faute de temps pour le débiter avant la nuit, le jeune bûcheron se promit de revenir le lendemain.

Seulement le lendemain à l'aube, il n'en crut pas ses yeux de chair : l'arbre précieux se dressait toujours vers le ciel, clignant de toutes ses feuilles au soleil levant. Il l'avait pourtant bien abattu la veille !

Avec une force décuplée et une rage accrue, il s'attaqua de nouveau au tronc gigantesque et à la tombée du jour, l'arbre de nouveau s'effondrait en gémissant. Mais cette fois-ci, curieux de savoir qui en son absence avait le front de relever l'arbre, il demeura sur place à faire le guet, embusqué dans un fourré.

Les ténèbres envahirent les bois qui se turent. La forêt appartenait désormais à Monseigneur le Ciel[1], au silence, aux râles brefs des bêtes égorgées...

Le jeune bûcheron était à l'affût depuis longtemps quand il aperçut tout à coup la lune qui descendait à toucher la forêt. Bientôt l'astre s'immobilisa au-dessus de l'arbre abattu, un faisceau en jaillit pareil à un pont de lumière jusqu'à terre. Une vieille femme à l'air vénérable en descendit. Elle était vêtue de feuilles du plus extraordinaire assemblage, avait aux pieds des sandales d'herbes et des lianes fleuries retenaient ses longs cheveux neigeux. A petits pas, elle fit le tour de l'arbre, le frappant avec le long bâton qu'elle tenait à la main.

Le jeune homme n'avait pas plus tôt vu l'arbre se relever qu'il bondissait furieux vers cette apparition pour la sommer de s'expliquer :

— Comment vous octroyez-vous le droit de me priver de mon travail ?

Les rides de la vieille femme s'épanouirent dans un sourire duveteux, plein de bonté.

— Je suis, lui dit-elle, la fée de ces lieux. J'ai élu domicle dans cet arbre précieux d'où mon regard embrasse cette forêt que j'ai mission de protéger et je ne saurais m'en passer. Pour vous dédommager de votre peine, acceptez ce bâton miraculeux qui guérit tous les maux comme il a guéri l'arbre. Et quand vous serez parmi les hommes, n'oubliez jamais votre pauvreté et soyez charitable.

Là-dessus, elle regagna le pont de lumière et s'évanouit.

Peu après, le jeune bûcheron quitta la forêt et s'en fut à travers les plaines et les monts pour guérir les hommes.

Personne n'économisait moins sa peine que lui et il n'était pas de souffreteux perdus au fin fond de la campagne, de lépreux suppurants terrés dans des coins reculés qu'il n'allât soulager. Si bien que sa réputation s'étendit aux quatre horizons. Et on ne l'appela plus désormais que « le guérisseur ».

Un matin qu'il courait comme toujours de malade en malade, il aperçut des petits gardiens de buffles occupés au bord du fleuve à tuer sauvagement un grand serpent.

— Arrêtez, misérables petits couillons, de maltraiter une bête inoffensive ! Ne savez-vous faire la différence ? leur cria-t-il en s'interposant.

Comme il touchait l'animal de son bâton, il vit se détacher sur la peau écailleuse de son front les quatre traits rouges du caractère *Vuong* (Roi). « Voilà un étrange serpent », se dit-il songeur en le regardant glisser prestement dans le fleuve et disparaître. Mais vite repris par l'urgence des guérisons et des résurrections, il n'y pensa plus.

A quelques jours de là, un noble et beau jeune homme se présenta chez lui, accompagné de serviteurs chargés de somptueux coffrets. Le guérisseur ne se souvenait pas de l'avoir jamais vu.

— Je suis celui qui vous doit la vie, lui déclara cet inconnu en le saluant avec respect, le fils du Seigneur Dragon de la mer du Sud. M'étant aventuré l'autre jour dans vos parages sous la forme d'un serpent, vous m'avez sauvé au bord du fleuve. Mon père, le tout-puissant Thuy Tinh, Génie des Eaux, vous prie d'accepter ces modestes présents, gages de sa reconnaissance éternelle.

Mais le guérisseur refusa tout net de recevoir le moindre cadeau, fût-ce une parole de gratitude. Seule la fée des forêts lui semblait y avoir droit.

— Comment dans ce cas pouvoir vous remercier et prouver ma gratitude sans courir le risque d'être blâmé par mon père ? s'exclama le Prince Dragon déconcerté. Puis-je alors espérer vous conduire auprès de lui au Royaume des Eaux afin d'exposer vos raisons ?

— J'accepte, dit le guérisseur, si naturellement un être de chair et d'os peut vous suivre.

— A cela pas de difficulté, fit le Prince Dragon qui retrouva toute sa sérénité.

Arrivé au bord de l'eau, il souffla dans une corne de rhinocéros et l'eau s'écarta aussitôt pour leur livrer passage. Ils suivirent un sentier serti de milliers de perles qui menait à un embarcadère de précieux coraux où une gigantesque tortue vint accoster aussitôt. Ils s'installèrent sur son dos dans des sièges d'émeraudes et de turquoises et elle s'en fut, semblable à un grand vaisseau, jusqu'au Palais des Eaux.

Chemin faisant, le guérisseur s'étonnait de ce que rien ne fût pareil à ce qu'il avait imaginé du sombre monde des eaux. La lumière diffusée par des milliards de coquilles nacrées semblait aussi puissante que celle du soleil d'en haut, les nuages étaient des algues arachnéennes qui avaient la grâce de mouvantes chevelures, et de temps en temps une brise légère lui laissait sur le visage une caresse humide. Ils croisèrent des monuments et des résidences de jade et de lapis-lazuli qui s'agitaient doucement au gré des courants, de grands poissons débonnaires qui souriaient et un peuple innombrable de dragons dont certains portaient sur la tête des crêtes rubis et d'autres vertes. Enfin, ils arrivèrent à l'immense grotte de corail cramoisi qui servait d'antichambre au palais de Thuy Tinh, le Génie des Eaux. Un fantasmagorique palais de cristal pavé d'ambre.

Celui qui régnait sur la mer du Sud et commandait aux tempêtes, reçut fastueusement le sauveur de son fils. Les festins se succédèrent pour fêter cet homme si désintéressé qui considérait les joyaux comme si c'était de l'herbe et l'or comme si c'était de la boue.

Quand, après trois jours, le guérisseur prit congé du Génie des Eaux, celui-ci lui offrit un vieux grimoire en lui disant :

— Je connais votre désintéressement et la pureté de votre cœur. Aussi daignez accepter ce livre qui vous aidera à combler tous vos vœux et à soulager les misères du peuple. Personne d'autre que vous n'en fera meilleur usage.

Le guérisseur l'accepta volontiers et s'étant prosterné, s'en retourna sur terre.

Le vieux grimoire en question, à la couverture d'écaille de tortue, aux pages translucides de parchemin de requin, traitait du soleil, de la lune, des étoiles, des cinq planètes et des cinq éléments lesquels sont dans la nature et dans les êtres vivants. C'était un livre magique.

Grâce à ce talisman, le guérisseur put secourir tous les déshérités, mieux encore qu'à l'aide de son bâton. Non seulement il les guérissait et les ressuscitait, mais il leur donnait à profusion l'or et la nourriture qu'il fabriquait à volonté.

Hélas, quoi qu'il fît, les hommes en demandaient toujours davantage, se jalousaient, se querellaient et s'entre-déchiraient.

Ecœuré par la méchanceté humaine, le guérisseur n'eut plus qu'un désir : se retirer sur le mont Tan Viên[2] au milieu de ses épaisses forêts.

Du pied du mont à son sommet, il créa une longue route qu'il se plut au gré de sa fantaisie à jalonner de merveilleux palais aériens qui s'évaporaient dans l'air sitôt qu'il les quittait.

Voyant ces miracles, les habitants des villages environnants édifièrent des autels sur les traces de ces palais volants et vénérèrent le guérisseur sous le nom de Génie du mont Tan Viên ou encore de Son Tinh, le Génie de la Montagne.

Or donc, nous l'avons dit, régnait en ce temps-là sur le pays du Van Lang le Roi Hùng Vuong XVIII, qui avait une fille d'une merveilleuse beauté du nom de My Nuong.

Bien des Princes avaient déjà sollicité la grâce de l'avoir pour femme, en particulier le Roi de Thuc[3]. Néanmoins le Roi Hùng hésitait.

— Il ne faut pas accéder à sa demande qui n'est que prétexte pour s'emparer de votre royaume, lui dirent ses sages conseillers. Dans le pays vaste et peuplé que vous gouvernez, choisissez pour gendre un homme de talent, capable de prodiges, et réorganisez l'armée. Vous n'aurez alors plus rien à craindre.

Se rangeant à leur avis éclairé, le Roi Hùng Vuong expédia donc à travers les quatre horizons maints hérauts à la recherche d'un homme capable de faire des prodiges.

Tout ce que le Van Lang comptait de fins lettrés, de maîtres du sabre, de musiciens virtuoses, de peintres admirables, d'astrologues réputés, etc., se présenta en foule dans l'espoir de faire valoir ses talents et d'épouser la Princesse.

Le Roi Hùng Vuong ignorait que Son Tinh, le Génie de la Montagne, qui commandait à la terre et au vent, et Thuy Tinh, le Génie des Eaux, qui ordonnait à la mer et à la pluie, avaient aperçu la Princesse et en étaient follement épris.

Quand ils se présentèrent, éclipsant tous les autres, pour solliciter l'honneur d'être son gendre, l'un et l'autre divinement beaux, l'un et l'autre doués de pouvoirs surnaturels, le Roi fut bien embarrassé.

— Chacun mérite d'être mon gendre, dit-il en aparté à ses sages conseillers, mais je n'ai qu'une seule fille !

— Que Sa Majesté donne sa fille à celui qui le premier apportera les présents de mariage, répondirent les conseillers.

Ainsi fut fait.

Le lendemain dès l'aube, au grand soulagement de la Princesse qui dans le secret de son cœur l'avait déjà choisi, le Génie de la Montagne apportait au Palais du Roi Hùng Vuong ses présents : des coffres d'or et de pierreries et d'autres joyaux ainsi que quantité d'animaux, des centaines par espèce, et des éléphants à neuf défenses, des coqs à neuf ergots, des chevaux à neuf crinières... Le Roi satisfait lui donna pour épouse la belle My Nuong et ils s'en furent heureux vers le mont Tan Viên.

Quand, l'après-midi du même jour, Thuy Tinh, le Génie des Eaux, arriva au Palais du Roi chargé des offrandes les plus rares qu'on trouve seulement au fond des mers, c'était trop tard : Son Tinh, le Génie de la Montagne, son ancien ami, lui avait ravi sa bien-aimée !

Alors sa rage jalouse ne connut plus de bornes : le sang lui bouillonna dans la tête à lui faire cuire les yeux et frire les oreilles, son foie devint noir, ses entrailles violettes et son cœur s'emplit d'une haine mortelle.

Il déclara la guerre à Son Tinh : une guerre sans merci, une guerre de violence inouïe, une guerre totale qui engloutirait terre et montagnes et lui rendrait sa bien-aimée.

Respect à ceci.

Alors, rameutant sa gigantesque armée de dragons, de tortues véloces, de poissons carnassiers, de crabes et de pieuvres, ordonnant à la mer de déchaîner ses plus titanesques raz-de-marée, à la pluie ses plus torrentiels déluges, il déclencha les hostilités.

Alors commencèrent pour le peuple terreur et désolation. Et le jour devint aussi sombre que la nuit.

En moins de temps qu'il n'en faut pour mâcher une chique de bétel, des vagues terrifiques submergèrent le rivage jusque dans les profondeurs des terres, libérant des milliers de dragons armés de haches de pierre. Des trombes d'eau démentielles s'abattirent du ciel, faisant déborder fleuves et rivières et les détournant de leur cours. Et leur flot irrépressible submergea les villages, dévastant les récoltes, déracinant les arbres, et charriant par milliers les cadavres des hommes.

Mais Son Tinh, sa précieuse épouse à l'abri dans son palais volant, rendant coup pour coup, ne cédait pas.

Face aux vagues qui s'élevaient au ciel, à la faune aquatique qui s'élançait à l'assaut, il déchaînait des cyclones pour repousser les eaux, déplaçait collines et montagnes pour endiguer les flots et suscitait d'apocalyptiques orages pour terrasser l'ennemi sous le feu du ciel.

C'est alors que le Génie des Eaux, adoptant la tactique du python de jade, voulut prendre le Génie de la Montagne au piège.

Or donc, pendant qu'une de ses armées attaquait le mont Tân Viên de face, le Génie des Eaux, contournant la montagne Quang Oai, survolant le fleuve Hàt puis le fleuve Lu, et descendant le fleuve Dà, tout cela à la vitesse de l'éclair, attaqua le mont Tan Viên par l'arrière. De toutes parts, dragons, crabes, pieuvres et tortues s'élancèrent à l'assaut du mont avec leurs haches de pierre, secondés par les flots écumants qui lançaient leurs montagnes liquides sur ses versants. Immense était leur rage de le réduire à néant !

Mais Son Tinh sur sa montagne tint bon.

Il commanda au tonnerre assourdissant, et au feu aveuglant des dix mille épées de la foudre, et au vent coupeur de vagues. Il ordonna aux arbres et aux tigres et aux éléphants. Alors des forêts entières, s'arrachant de terre, roulèrent à travers les ravins jusqu'au pied de la montagne pour écraser l'assaillant, pendant que tigres et éléphants le terrassaient sous un déluge de rochers, de sorte que ceux qui n'étaient pas brûlés ou pourfendus par le feu du ciel étaient écrabouillés ou étranglés dans des lianes.

Ce que voyant, le Génie des Eaux chevauchant une trombe vertigineuse, voulut défier le Génie de la Montagne au sommet du mont Tan Viên en combat singulier.

Mais le Génie de la Montagne avait rendu le mont inaccessible. Une tornade lui suffit à démantibuler la vague colossale, qui en retombant, engloutit sous sa masse le Génie des Eaux au plus profond de cette mer Orientale sur laquelle il régnait sans conteste.

Nul ne le vit plus réapparaître.

Et les eaux, en se retirant, confirmèrent sa défaite.

De ce jour, il devait couver une haine éternelle.

Tous les ans, depuis cette époque, il recommence donc le combat contre son rival heureux sans que jamais sa colère ne s'apaise et sa jalousie ne s'éteigne.

C'est pourquoi, chaque année, vers la septième lune[4], quand le ruisseau déborde, quand le fleuve sort de son lit, le pays viêt se hâte d'assembler bois et bambous pour protéger la montagne car il sait que :

*Les Génies vont encore se disputer l'épouse.*

Achevé d'imprimer en
octobre 1998 sur les presses
de l'imprimerie France-Quercy
113, rue André-Breton
46000 Cahors

Dépôt légal : octobre 1998

NOTES

1. Appellation pleine de respect donnée au tigre qu'on craint.

2. District de Bat Bat, province de Ha Son Binh.

3. Dynastie des Thuc, 257-207 avant J.-C.

4. En automne.

# TABLE